D1674455

Susann Bosshard-Kälin und Beatrice Künzi

Geschichten
Gesichter

0809	**Vorwort** Susann Bosshard-Kälin und Beatrice Künzi
1213	**Aurora Schudel** Haute-Couture-Schneiderin Zürich
1415	**Pater Kassian (Romuald) Etter** Physiker und Benediktinermönch Kloster Einsiedeln
1617	**David Watts** Mechaniker Singleton, Australien
1819	**Abt Martin Werlen** Klostervorsteher Einsiedeln
2021	**Min-Jung Kim** Musikerin, Pianistin Seoul, Südkorea
2223	**Ingrid Widmer** Sekundarlehrerin und Ladenbesitzerin Einsiedeln
2425	**Schwester M. Hedwig (Silja) Walter** Schriftstellerin Kloster Fahr
2627	**Heidi Lustenberger** Töpferin Unteriberg
2829	**Atle Faye Kommunikationsdirektor** Norwegian Archive, Library and Museum Authority, Oslo, Norweg
3031	**Marlen Betschart** Bäuerin Trachslau
3233	**Hermann Kummer** Pensionierter Staatsbeamter Brig
3435	**Dr. Beat Richner «Beatocello»** Kinderarzt Phnom Penh, Kambodscha
3637	**Angela Wei** Studentin, Xi'an, China und Toronto, Kanada
3839	**Stéphanie Engels** Dr. sc. ETH Zürich und Wollerau
4041	**Werner Hübscher** Koch und Hotelier Einsiedeln

42 43 Schwester Maria Joséfa Bieri
Franziskanerin, Kloster Leiden Christi
Jakobsbad

44 45 Nataly Polovnikova
Psychologiestudentin
Nikolaev, Ukraine

46 47 Yiotis Kiourtsoglou
Musiker
Athen, Griechenland

48 49 Jonathan Uhmann
Student
München, Deutschland

50 51 Oski Bisig
Ressortleiter Infrastruktur
Bezirk Einsiedeln, Bennau

52 53 Hye Yeo
Zenmeisterin
Seoul, Südkorea

54 55 Dr. Erwin Oechslin
Chefarzt und Herzspezialist
Toronto, Kanada

56 57 Silvana Sostaritsch
Heilpädagogin
Haid, Österreich

58 59 Othmar Krucker
Sakristan
Egg

60 61 Nima und Kinzang Thinley
Buddhistische Mönche
Thimphu, Bhutan

62 63 Martina Lienert und Tobias Zürrer
beide Maturaklasse
Stiftsschule Einsiedeln

64 65 Herbert Schön, Primarlehrer
mit Suzanne Rüesch, Reiseleiterin
Atenas, Costa Rica

66 67 David Watterson
Technical Author
Bath, England

068 Greg Wells
Musiker und Musiklehrer
069 Grand Rapids, Michigan, USA

070 Willi Ingold
Kunstmaler und Gärtner
071 Losone und Zuoz

072 Irene Hodel «frölein da capo»
Musikerin und Hausfrau
073 Willisau

074 Markus Mäder
Ghostwriter
075 Rapperswil

076 Andreas Küttel
Turn- und Sportlehrer, Skispringer
077 Odensee, Dänemark und Einsiedeln

078 Mona Ziegler
Kommunikationstrainerin
079 Einsiedeln

080 Walter Schönbächler
Lastwagenchauffeur
081 Willerzell

082 Martina Rufener Schubert
und Christoph Schubert
083 Ärzte, Uetikon am See

084 Leesha Anton Rajeswaran
Schülerin
085 Jaffna, Sri Lanka und Einsiedeln

086 Dr. Hiyam Marzouqa
Medical Director
087 Bethlehem, Israel

088 Prof. Pater Karl Wallner
OCist Rektor Stift Heiligenkreuz
089 im Wienerwald, Österreich

090 Dr Tüfel
091

092 Yuen Fan Wong
Merchandiserin
093 Hongkong und Las Vegas, USA

094 Tobias Kälin
Landwirt
095 Altberg-Bennau

096 Stefania Heinzer-d'Intino
«Schönheit» im Welttheater 2007
097 und Floristin, Einsiedeln

098 Daniel Gerzner
Kaufmann
099 Jenischer Fahrender

00 / **01**	Martin Betz Rechtschaffener, fremder Maurer Pyras, Deutschland		**116** / **117**	Martin Fiksman Schüler Madrid, Spanien
02 / **03**	Selladurai Thavamalar Küchengehilfin Fredericia, Dänemark		**118** / **119**	Martin Iten Selbstständiger Polygraf Oberwil
04 / **05**	Marina Birchler Hausfrau Jenische Fahrende		**120** / **121**	Anton Mutayoba Gyr Marktfahrer Montreux
06 / **07**	Jean-Michel Neukom Kunstmaler Uznach		**122** / **123**	Pater Amédée Grab OSB emer. Bischof Chur
08 / **09**	Sonia Tehranchi Brand Manager Teheran, Iran, Toronto, Kanada und Zug		**124** / **125**	Konrad Oehler und Sapanna Kerdklam mit Sohn Benjamin, Architekturdozent und Bijouteriefachfrau, Chonburi, Thailand
10 / **11**	Rosmarie (Ringgi) Oechslin Modefachfrau Einsiedeln		**126** / **127**	Carlos Jorge Almeida-Duarte Pflästerer Viseu, Portugal und Wetzikon
12 / **13**	Alma Christe-Kälin Einsiedeln		**128** / **129**	Walo Lüönd Schauspieler Ronchini
14 / **15**	Anibal Jorge Ferreira Amaral Gemüsepflücker Porto, Portugal und Salmsach		**130** / **131**	Arcturus, Hiwot und Habtnesh Joseph mit Emmanuel Addis Abeba, Äthiopien und Genf

132 133	Richard Marlow Musikprofessor und Chor-Dirigent Cambridge, England	**148** 149	Gottfried Weber Direktionspräsident Arth und Zürich
134 135	Nadia Brönimann Event-Managerin Einsiedeln	**150** 151	Albert Lacher Banker Chicago, USA
136 137	Baldvin Kovàcs Biophysiker und Softwareingenieur Budapest, Ungarn, Chicago, USA und Adliswil	**152** 153	Carlo Schmid Privatpilot und Weltumrunder Bad Zurzach
138 139	Sherri Biscan Schuler Zehnder Informatikerin Ridgewood, New Jersey, USA	**154** 155	Sophie Serraris Museums- und Kulturmanagerin Antwerpen, Belgien
140 141	Carlo Abdallah Pizzaiolo Khiam, Libanon und Einsiedeln	**156** 157	Gerry Hofstetter Lichtkünstler und Eventdesigner Zumikon
142 143	Harro von Senger Sinologieprofessor Neuenburg und Willerzell	**158** 159	Roger Diener Architekt Basel
144 145	Ulrich Tilgner Journalist Teheran, Iran und Hamburg, Deutschland	**160** 161	Mary Therese Kalin de Arroyo Universitätsprofessorin Santiago de Chile und Neuseeland
146 147	Rossana Molinatti Kunstinteressierte Venedig, Italien	**162** 163	Rosa Teixeira Kinderbetreuerin Goa, Indien, Sintra, Portugal und Zürich

64 André Marty
65 Journalist
Tel Aviv, Israel

66 Anatole Taubmann
67 Schauspieler
Berlin, Deutschland

68 Maria Becker
69 Schauspielerin
Zürich

70 Kesavan und Radhika Potti
71 Ingenieur und Maler
Blaine Minnesota, USA und Kerala, Indien

72 Johanes Djang
73 Graphic-Design-Student
Waikabubak, Indonesien und Bern

74 Jacqueline M. Tomaz
75 Fortaleza, Brasilien

76 Donald S. Beyer jr., US-Botschafter
77 in der Schweiz und in Liechtenstein,
Bern und Alexandria, Virginia, USA

78 Susanne Birchler-Staub
79 Einsiedeln

180 Palian Tamilarasi
181 Fashion Designer
Penang, Malaysia und Mailand, Italien

182 Osy Zimmermann
183 Kabarettist, Sänger, Geschichtenerzähler
und Mediator, Zug

184 Peter Lüthi
185 Rektor der Stiftsschule Einsiedeln

186 Dr Chräh
187

188 Der Einsiedler Klosterplatz –
189 Ort der Begegnung und «Theatrum»

200 Dank an die Sponsoren,
201 Gönner und Partner

202 Impressum
203

Die Welt trifft sich auf dem Einsiedler Klosterplatz

Einsiedeln, im Herzen der Schweiz gelegen, ist ein spirituell geprägter Wallfahrtsort – und ein Ort der Begegnung. 934 entstand bei der einstigen Zelle des heiligen Meinrad (gestorben 861) ein Benediktinerkloster, das bis heute nichts von seiner Anziehungskraft verloren hat. Dabei liegt das Klosterdorf fern der grossen Durchgangsstrassen in einem abgeschiedenen Hochtal – umgeben von Weilern, Wald, Hügeln, Bergen und neben einem Stausee. Nach Einsiedeln – «in den Finstern Wald», wie es früher hiess – pilgert und reist aus allen vier Himmelsrichtungen «die Welt».

Einsiedeln hat eine einzigartige Ausstrahlung. Und die Menschen, die hier leben, besitzen neben Traditionsbewusstsein, Entschlossenheit und Durchsetzungsvermögen auch Humor und eine weltoffene Geschäftstüchtigkeit. Dorf und Kloster sind seit Jahrhunderten Gastgeber und empfangen Menschen aus aller Welt. Aus diesen vielfältigen Begegnungen entstand im Klosterdorf eine Tradition des Austausches mit Fremden, mit verschiedenen Kulturen, mit andersdenkenden Menschen, mit Städtern, mit Suchenden; und immer auch mit Menschen, die sich bei der Schwarzen Madonna etwas erbitten.

Der weitläufige Klosterplatz vor der mächtigen Kirchenfassade – nach dem Petersplatz in Rom der zweitgrösste Kirchenplatz Europas – bietet Gelegenheit, Menschen aus aller Welt zu begegnen. Die Idee schien uns naheliegend, mit diesen Besuchern zu sprechen. Wer sind sie? Warum kommen sie und was erwarten sie von diesem Ort?

Das Projekt hat uns zwischen 2008 und 2012 faszinierende Begegnungen geschenkt. 88 Menschen haben wir zu verschiedenen Tageszeiten, bei Schneesturm oder in grösster Sommerhitze getroffen und sie in Bild und Text porträtiert: Einheimische, (zufällige) Passanten, Kirchgänger, (Velo-, Töff- und Fuss-)Pilger, Prominente, Touristen, Geschäftsleute, Junge, Alte, Frauen, Männer, Einzelpersonen, Paare und Gruppen.

Unser Dank geht an alle, die sich Zeit für unsere Fragen und das Fotografieren genommen haben. Sie sind die Protagonisten des vorliegenden Werks. Danken möchten wir insbesondere Abt Martin Werlen und der Benediktinergemeinschaft des Klosters Einsiedeln, die unser Projekt von Anfang an spontan unterstützt haben. Sie boten uns die Möglichkeit, jederzeit mit unserem mobilen Studio auf den Klosterplatz zu fahren. Sie gaben auch grünes Licht, im Welttheater-Jahr 2013 eine Ausstellung im Abteihof zu gestalten. Sympathie und grosszügige Unterstützung erhielten wir ausserdem von Organisationen, Institutionen und Privatpersonen; sie sind namentlich auf Seite 201 genannt. Ohne ihre Hilfe hätte unser Projekt nicht realisiert werden können. Vielen Dank!

Und nun, kommen Sie mit uns auf den Einsiedler Klosterplatz. Hier trifft sich die Welt!

Susann Bosshard-Kälin und Beatrice Künzi

«Heute ist mein freier Tag. Ich bin pensioniert, hüte aber oft meine Enkel- und Ur-Enkelkinder. Als Haute-Couture-Schneiderin durfte ich vor Jahrzehnten der Prinzessin von Liechtenstein Perlen an ihr Hochzeitskleid nähen. Heute wollte ich etwas an der Sonne laufen und in der Krypta einfach Stille in mich aufnehmen. In der Kirche bin ich unter Leuten und doch für mich. Auf dem Kreuzweg begegne ich hin und wieder einem Mönch. Wir grüssen uns, und ich fühle mich gesegnet. Im Sommer meditiere ich da oben beim Kreuz von Maria Magdalena, im Winter in der Krypta – die sieben Kerzen, die Monstranz in der Mitte – ein segensreicher Ort. Ich komme drei-, viermal im Monat hierher. Schon als Kind war ich in Einsiedeln. Unsere Mutter sagte jeweils: ‹Kinder, trinkt vom Wasser am Marienbrunnen – dann bleibt ihr gesund!› Es stimmt. Der Glaube kann Berge versetzen, er heilt. Ich kenne keinen Widerspruch zwischen dem christlichen und dem buddhistischen Glauben. Für mich ist der Dalai Lama ein Vorbild, so wie der den Frieden verkündigt. Seit über fünfzig Jahren praktiziere ich Yoga. Ich glaube, dass ich den Himmel im Körper verwirklichen kann – jeder Mensch hat doch einen Engel in sich, oder nicht?»

Aurora Schudel
Haute-Couture-Schneiderin, Zürich

«Der Platz hat eine sehr grosse Bedeutung für mich. Schon seit 1943, als ich als Schüler in die Stiftsschule eintrat. Vor etwa zwanzig Jahren aber öffneten sich mir die Augen neu: An einem Silvestermorgen – nach einer schweren Enttäuschung steckte ich in einem moralischen Tief… ja, das gibts sogar bei einem Mönch – schrieb ich einen langen Brief und lief anschliessend über den Platz, um ihn im Rathaus in den Briefkasten zu werfen. Als ich mich umdrehte, staunte ich: Mir war, als sähe ich den Klosterplatz zum ersten Mal! Der erste Gedanke war: Die Erbauer mussten einen starken Glauben gehabt haben. Und plötzlich kamen mir die Flügel der Klosterfront vor wie offene Arme einer Frau – Arme, die mich umfingen und mich an eine weibliche Brust drückten. Ich weiss nicht, wie lange ich dort bewegungslos stand. Ich fühlte plötzlich eine grosse Liebe in mir, und alle schlechten Gefühle waren wie weggeblasen. Monatelang stand ich nun jeden Morgen um drei Uhr in der Früh vor das Rathaus und staunte den Platz an. Das ist wahr. Und zweimal erlebte ich den Klosterplatz im Welttheater: Als Calderón im Jahre 2000 kannte ich fast jeden Pflasterstein, und 2007 durfte ich einen Sommer lang als ‹Welt› in den Armen der ‹Schönheit› sterben.»

Pater Kassian (Romuald) Etter
Physiker und Benediktinermönch, Kloster Einsiedeln

«Nach Einsiedeln bin ich nicht wegen der Kirche gekommen, sondern wegen einer Frau. Im Oktober heirate ich Melanie Kälin. Wir lernten uns 2003 in einem Pub in Perth kennen, als Melanie für einen Sprachaufenthalt in Australien weilte. Einsiedeln ist hübsch, aber ein wenig langweilig. Alles ist so eng nebeneinander, und die Leute sind etwas engstirnig. Ich war mit Melanie in der Klosterkirche; das viele Gold und die Malereien haben mir gefallen. Der Klosterplatz hat eine gewisse Dominanz. So etwas wie dieses Kloster haben wir auf unserem Kontinent nicht. Ja, die tausendjährige Geschichte Einsiedelns ist schon eindrücklich. Da kann Australien nicht mithalten. Hier brauche ich keine Uhr – die Glocken läuten ja fast jede Stunde, und ich höre sie bis ins Haus im Horgenberg. Melanie und ich arbeiten in Australien beide in einer Kohlenmine, ich als Mechaniker für die grossen Maschinen, meine zukünftige Frau im Büro. Vielleicht werden wir später in der Schweiz leben, in Zug oder Zürich, wo es internationaler ist. Übermorgen fliegen wir beide nach Australien zurück. Etwa 35 Stunden brauchen wir von Tür zu Tür.»

David Watts
Mechaniker, Singleton, Australien

«Der Platz ist eine der grossen Baustellen unseres Klosters. Er soll nicht nur erhalten, sondern in seiner ganzen Schönheit und Einmaligkeit wieder hergerichtet werden. Das ist ein grosses Projekt, das nur dank und mit vielen Menschen, die es mittragen, realisiert werden kann. Der Klosterplatz ist für mich ein Symbol von Offenheit und Grosszügigkeit – ein Ort der Gastfreundschaft und der Begegnung, der die Menschen aus aller Welt an diesem Gnadenort empfängt und willkommen heisst. Das Welttheater, das alle sieben Jahre auf dem Platz stattfindet, kann nur ein Abglanz dessen sein, was auf dem Platz jahraus, jahrein, Tag um Tag an Begegnungen stattfindet. Der Platz und die Klosterfassade sind für mich immer wieder eindrücklich und vielversprechend. Wenn ich von auswärts ins Kloster zurückkehre, ist es mir wichtig, den Platz über die Hauptstrasse zu erreichen, damit ich ihn in seiner ganzen Grösse erblicke. Es ist schade, dass viele von der Seite her auf den Platz gelangen. So erfahren sie nie die gleiche Kraft seiner Würde und Ausstrahlung. Wenn ich dann die Kirche betrete, erlebe ich: Was aussen versprochen wird, wird drinnen an Atmosphäre gehalten.»

Abt Martin Werlen
Klostervorsteher, Einsiedeln

2021

«Mit meiner Schweizer Kollegin, die ich während des Studiums an der Musikhochschule in Genf kennenlernte, gab ich heute im Kloster ein Kammermusik-Konzert. Ich wollte damit Gott danken, dass er mir dieses musikalische Talent geschenkt hat. Mit Musik kann ich den Menschen Gottes Liebe weiterschenken. Eigentlich wollten Antoinette Horat und ich in der Klosterkirche spielen. Weil dort kein Konzertflügel steht, traten wir im Grossen Saal auf. Ich bin zum ersten Mal hier in Einsiedeln, hörte aber in Korea schon viel von diesem barocken Kloster. Mein Eindruck vom Klosterplatz? Er ist riesig, für mich sehr eindrücklich, heilig. Nach dem Interview möchte ich bei der Schwarzen Madonna beten. Meine Eltern liessen mich, als ich zwei Jahre alt war, in Seoul katholisch taufen. Die Religion bedeutet mir viel. Während meines Studiums in Europa war ich oft einsam – es war nicht einfach. Ein silberner Rosenkranz ist immer in meiner Tasche. So habe ich das Gefühl, die Muttergottes bei mir zu tragen, beschützt und begleitet zu sein.»

Min-Jung Kim
Musikerin, Pianistin, Seoul, Südkorea

«Ich verbinde meine erste Klosterplatz-Erinnerung mit einer Geschichtsstunde in Kerzers. Ich war etwa zwölf. Wir besprachen verschiedene Baustile, betrachteten ein Bild des Klosters Einsiedeln. Ich stellte mir vor, dieses prächtige Bauwerk stehe in einer riesigen Stadt. Umso grösser meine Überraschung, als mein Mann sich vor Jahren um eine Stelle als Sekundarlehrer bewarb und wir mit unseren ersten beiden Kindern hierher zogen. Das Bild über den Kanton Schwyz – die sind sicher konservativ! – mussten wir ebenfalls revidieren. In der Zwischenzeit ist der Klosterplatz für mich Sinnbild für Weltoffenheit und Geborgenheit geworden. Wenn ich ihn betrete, kommt Feriengefühl auf. Mein Laden steht wenige Schritte vom Klosterplatz entfernt, ein Gegensatz zu den Devotionalienständen. Der Laden strahlt Ironie, Selbstironie aus. Ich wollte die Engel auf eine etwas schräge Art an die Leute bringen, das Klerikale liebevoll auf die Schippe nehmen; ‹schön&schräg› ist ein Kontrast, den es in Einsiedeln braucht. Die Reaktionen sind spannend: Es gibt Leute, die die Ironie als böse empfinden und sich entsetzt abwenden, andere – darunter sogar Ordensfrauen – haben Spass an den schrägen Objekten.»

Ingrid Widmer
Sekundarlehrerin und Ladenbesitzerin, Einsiedeln

Pfingst-Tanz überm Klosterplatz

«Ganz nahe an der grossen Treppe befindet sich das kleine Haus ‹AVE›. Es wird einmal, vielleicht in nächster Zeit wie ich höre, am nach allen Seiten erweiterten Klosterplatz stehen. Da war ich, und sah die nationale Pfingst-Wallfahrt der Portugiesen zur Schwarzen Madonna in Einsiedeln herauf kommen. Dann tanzten sie, oben vor dem Klostertor. Wunderschön! Junge braune Frauen und Männer, weiss, rot, grün und golden, weite schwingende Röcke, Flöten, Trommelgestampf der Burschen. Später schrieb ich das Erlebte auf.»

Sie schlüpfen aus Schuhn
und Sandalen,
denn der Dornbusch brennt
in der Steppe
und heute
auch über der Treppe zur
Gnadenkapelle.
Darum das Fest und
die Leute.
Veni Sancte Spiritus!
singen drinnen die Mönche.
Der kommt und fährt in
die braunen Frauen und Männer,
damit sie sich fassen,
tragen und treiben lassen
und er sie drehe
ringsum und ringsum im Kreise
rundum.
Veni Sancte Spiritus!
singen drinnen die Mönche.
Der kommt, und so tanzen sie
ihren Glauben
auf ihre Weise:
ringsum und ringsum im Rund
und im Kreise.
Tanzen ihre Liebe
zum Herrn und zur Schwarzen
Madonna

**Schwester M. Hedwig (Silja) Walter
Schriftstellerin, Kloster Fahr**

«Es herrscht hier eine angenehme Atmosphäre. Ich glaube, auf diesem Platz wollen die Menschen ihren Frieden haben und sind entspannt. Als fiele der weltliche Druck weg. Der Klosterplatz strahlt eine Ruhe aus, die mir innerlich gut tut. Heute bin ich aus Dankbarkeit gekommen. Ich habe in der Kirche eine Kerze angezündet und noch für ein spezielles Anliegen gebetet. Ich bin sicher, dass es Gott gibt. Mit meinem Mann wohne ich in Unteriberg, wo ich als Kind bei meiner Tante aufgewachsen bin. Wenn ich im Klosterdorf Kommissionen zu besorgen habe, nehme ich mir Zeit für Einsiedeln. Ich spaziere gerne auf dem Kreuzweg und nehme meine Hündin *Gioia* – das heisst Freude – mit. Wenn ich in die Kirche gehe, sage ich zu ihr, warte!, und sie bleibt ruhig, ohne dass ich sie anbinden muss. Obwohl ich schon so lange in der Gegend lebe, ist der Platz für mich bei jedem Besuch etwas Besonderes. Jetzt wollen sie ihn ändern. Warum? Mir gefällt er so. Ohne Autos wäre er allerdings noch schöner.»

Heidi Lustenberger
Töpferin, Unteriberg

«Als Mitglied des European Museum Forum jurierte ich heute mit meiner belgischen Kollegin Sophie Serraris ein Museum für den Europäischen Museumspreis 2012. Dadurch bot sich die Gelegenheit, jetzt am Nachmittag, Einsiedeln zu besuchen. Was für ein Erlebnis! Beeindruckend war die Vesper in der Klosterkirche – der Gesang der Mönche war einmalig. Ich fühlte mich wie ein winzig kleines Teil einer jahrhundertealten Geschichte. Hoffentlich singen die Benediktiner auch in 400 Jahren noch diesen wunderbaren Gesang zu Ehren Marias. Ich habe seit vielen Jahren von Berufes wegen Erfahrung mit Bibliotheken und Archiven. Aber was ich hier in der Stifts- und Musikbibliothek des Klosters sehen durfte, ist einmalig und sehr beeindruckend: Alles an seinem Ort und in so guter Qualität. Die Mönche pflegen ihre Tradition sehr sorgfältig. Natürlich sind auch die Klostergebäude faszinierend – aber für mich strahlt der Platz eine besonders ruhige, friedliche und beruhigende Atmosphäre aus. Das ist nicht selbstverständlich … Eben bekam ich auf mein Handy eine SMS, dass in Norwegen ein schreckliches Attentat passiert sei. Mehr weiss ich noch nicht!»

Atle Faye
Kommunikationsdirektor
Norwegian Archive, Library and Museum Authority, Oslo, Norwegen

«Heute Morgen werden wir Schwyzer Bäuerinnen in der Klosterkirche die heilige Messe feiern. Alle drei Jahre organisiert der Kantonalverband einen Wallfahrtsgottesdienst in Einsiedeln, und jedes Mal sind zwischen 200 und 250 Bäuerinnen mit dabei. Das ist Tradition, seit Jahrzehnten schon. An einem Festtag wie heute trage ich die Schwyzer Sonntagstracht. Ich habe sie in der Bäuerinnenschule genäht. Die Landwirtschaft muss sich heute behaupten, und wir Bäuerinnen holen für unsere tägliche Arbeit immer wieder Kraft im Gebet bei der Muttergottes. Ich glaube, dass wir mit der Schwarzen Madonna besonders verbunden sind. Für mich spielt sie auf jeden Fall eine grosse und wichtige Rolle. Der Klosterplatz und die Stiftskirche sind für mich Kraftorte. Und das nicht erst seit ich als Bäuerin und Mutter auf dem Landwirtschaftsbetrieb des Frauenklosters Au in Trachslau lebe, wenige Minuten ausserhalb von Einsiedeln. Schon als Erstkommunikanten sind wir von Steinerberg her ins Klosterdorf gepilgert. Übrigens ist noch aus einem anderen Grund ein besonderer Tag für mich: Mit der heutigen Wallfahrt und der anschliessenden Generalversammlung endet meine neunjährige Amtszeit als Präsidentin der Schwyzer Bäuerinnen.»

Marlen Betschart
Bäuerin, Trachslau

«Vor zwei Jahren war ich drei Wochen als Gast im Kloster. Es ging mir damals gesundheitlich sehr schlecht. Die Auszeit bei den Benediktinern tat mir unendlich gut. Während dieser Zeit hörte ich von der anstehenden Klosterplatzsanierung. Spontan kam ich auf die Idee, dass die Oberwalliser Bevölkerung die Renovation des Marienbrunnens übernehmen könnte. Wir Walliser haben seit je eine enge Verbindung zum Kloster – vor allem durch Wallfahrten. Und mit Abt Martin, einem Oberwalliser, sind die Bande noch stärker geworden. Mit ein paar Freunden gründete ich die IG Marienbrunnen, und der ‹Walliser Bote› übernahm die Schirmherrschaft der Spendenaktion. Den ersten Check durften wir an Weihnachten 2008 überreichen – an der heutigen Wallfahrt, zusammen mit 150 Walliser Pilgern, überbringen wir einen weiteren. Bis Ende Jahr sollten wir die 250 000 Franken zusammen haben. Gestiftet haben Institutionen, Gemeinden und Private, interessanterweise auch Leute, von denen wir es nie gedacht hätten. Ich bin sehr glücklich über diese Aktion, mit der ich ein Stück weit meine grosse Dankbarkeit ans Kloster ausdrücken kann.»

Hermann Kummer
Pensionierter Staatsbeamter, Brig

«Dieser Ort hat es in sich – er ist ein geistiger Magnet für viele Menschen, ein Raum zum schwerelos Denken und Sein. Die Schwarze Madonna ist magisch. Die Muttergottes und ihr Kind – was sich zwischen den beiden abspielt, gehört wohl zum Wesentlichsten, was sich irdisch je abgespielt hat. Meine Mutter war schon beeindruckt von ihr. Seit ein paar Jahren darf ich jeweils im Mai in der Klosterkirche ein Benefizkonzert für mein Kinderspital Kantha Bopha in Phnom Penh geben. Ich sammle Geld für unsere fünf Spitäler, in denen jeden Tag 50 Kinder geboren werden, 60 chirurgische Operationen stattfinden und 300 Patienten hospitalisiert werden. Nach jedem meiner Konzerte hier gehe ich noch einmal ganz alleine bei der Muttergottes vorbei und richte ihr die Wünsche und Grüsse meiner Mutter aus, die 1985 gestorben ist. Im Herbst des gleichen Jahres reiste ich übrigens zum ersten Mal mit meinem Cello nach Einsiedeln, und ein junger Mönch im Kloster wies mir liebenswürdigerweise einen Ort zu, wo ich Cello spielen durfte. Der Pater hiess Martin und ist der heutige Abt.»

Dr. Beat Richner «Beatocello»
Kinderarzt, Phnom Penh, Kambodscha

«Wir kamen heute mit unserer 35-köpfigen Reisegruppe aus Italien, sind die fünfhundert Kilometer nach Einsiedeln via Luzern gefahren. Meine Eltern haben mich zu dieser elftägigen Reise durch Europa eingeladen. Hier ist es wundervoll. Ich weiss nichts über Einsiedeln. Ich bin erstaunt über diesen grossen Platz – würde gern mehr über diesen Ort erfahren. Sehr beeindruckend. Ich bin Christin und wusste nicht, dass hier eine so schöne Kirche steht. Ich glaube, es ist *a blessing place,* ein gesegneter Ort. Ist es möglich, morgen früh die Kirche zu besuchen? Darf man da einfach hineingehen? Wir waren drei Tage in Italien – in Florenz, Rom und Venedig. Morgen um acht Uhr gehts dann via Titlis nach Genf und in drei Tagen fliegen wir zurück nach Peking. Ende August werde ich für meine Studien nach Toronto weiterreisen.»

Angela Wei
Studentin, Xi'an, China und Toronto, Kanada

«Das Kloster ist ein Wurzelpunkt für mich. Ein Stück Heimat. Ich kam 1991 hierher in die Schule, nachdem meine Familie kurz vorher aus den Vereinigten Staaten in die Schweiz gezügelt war. Nie lebte ich länger an einem Ort als hier – die sieben Jahre bis zur Matura. Es ist ein Ort, an den ich gute Erinnerungen habe und an den ich gerne zurückkehre. Ich erlebe ihn als Kontrast zwischen Moderne und Tradition, Weltlichem und Geistlichem – als Kontrast zum hektischen Alltag, ein Ort der Konstanten und der Ruhe. Ich durfte viel an Wertvorstellungen und Kulturellem mitnehmen; die Bedeutung der Musik etwa. Ich bin nicht religiös, schätze aber die Tradition und das klösterliche Leben. Im Rahmen des Traditionellen Neues ausprobieren, Synergien nutzen, die Interaktion zwischen Weltlichem und Geistlichem, das gefällt mir. Ich bin Gründungsmitglied der Alumni Scholae Einsidlensis. Es ist eine Plattform für die Ehemaligen, aber auch ein Verbindungsstück zu den Aktiven. Wir netzwerken indem wir beispielsweise die besten Maturaarbeiten jedes Jahrgangs auszeichnen und die Jungen mit Topshots in Wirtschaft und Gesellschaft zusammenbringen.»

Stéphanie Engels
Dr. sc. ETH, Zürich und Wollerau

«Ich laufe jeden Tag dreimal über den Platz – und das seit vielen Jahren. Anfangs mit *Jazz* und jetzt mit *Monti*. Die Hundespaziergänge gehören zu meinem täglichen Rhythmus: Das erste Mal um halb sieben in der Früh, dann um zwei Uhr mittags und schliesslich abends um halb neun Uhr. Am Morgen dient der halbstündige Spaziergang zum Wachwerden, am Mittag zur Erholung vom Kochen und abends zum Abschalten. Meine Frau Maya, Tochter Samantha und ich kamen 1997 nach Einsiedeln und führen seit 2000 das ‹Drei Könige› direkt am Klosterplatz. Vom Stubensofa aus sehe ich direkt auf den Platz hinunter, und von meinem Bett aus sogar auf das Haupttor der Klosterkirche. Der Klosterplatz ist beeindruckend und immer wieder auch beruhigend. Hier begegne ich verschiedensten Menschen und komme mit ihnen in ein kurzes Gespräch. *Monti* setzt sich einfach ruhig hin und hört mit! Frühmorgens treffe ich jetzt im Winter oft einen der Sigriste beim Schneeschaufeln an und abends die Buchhalterin des Klosters auf ihrem Heimweg. Die Pflastersteine sind manchmal heimtückisch. Sie können arg vereist sein. Für *Monti* ist das weniger ein Problem. Er hat mit seinen Pfoten guten Halt.»

Werner Hübscher
Koch und Hotelier, Einsiedeln

«Ein gesegneter Platz – wenn ich ihn betrete, ist es, als würde sich meine Seele weiten. Die Muttergottesfigur leuchtet in ihrem Gold. An ihrem Brunnen trinke ich Wasser – das tut mir sehr wohl. Ich komme in die Ruhe, wenn ich den Weg zur Klosterkirche hinauf schreite. Die Basilika wirkt stark auf mich, strömt eine Kraft aus, die mich anzieht und frei macht. Ich spüre jedes Mal einen Gnadenstrom. Ich komme schon seit einigen Jahren ferienhalber ins Kloster Einsiedeln, um Kraft zu tanken. Seit 1968 lebe ich im Kloster Leiden Christi in Jakobsbad in Appenzell Innerrhoden. Wir sind acht Schwestern in der Gemeinschaft – die Jüngste ist 32-jährig und die älteste 81. Wir haben einen grossen Garten mit Kräutern, Gemüse und Blumen – mein Einsatz ist vom Frühling bis im Herbst draussen in der Natur, im Garten. Ich bin auch die Organistin. Deshalb geniesse ich hier in der Klosterkirche das Orgelspiel der Mönche. Einige der Stücke spiele ich selber auch. Ich darf während meiner Ferien in einem Gastzimmer wohnen und ab und zu sogar im Oratorium Orgel üben. Zuhause stehe ich um zwanzig nach fünf auf, in den Ferien schlafe ich aus.»

Schwester Maria Joséfa Bieri
Franziskanerin, Kloster Leiden Christi, Jakobsbad

«Ich sage es ehrlich, der Platz ist etwas ganz Besonderes für mich. Der Ort ist heilig, gibt mir viel Energie. Nach dem Abendgebet in der Klosterkirche fühle ich mich seelisch gestärkt. Ich bin orthodoxe Christin und sehr religiös. Ich bete hier für meine Familie, für meine Gesundheit und den Frieden in der Welt. Ich habe eine Kerze angezündet für meine Familie und für meine verstorbene Mutter. In der Schweiz bin ich zum ersten Mal, auf einer Ferienreise mit meinem Freund Anatoli, der auch aus der Ukraine stammt. Voriges Jahr haben Bekannte von mir Wasser vom Ort, wo die Schwarze Madonna ist, in die Ukraine gebracht. Natürlich werde auch ich von diesem Wasser mitnehmen. Ich habe mich extra weiss angezogen für den Besuch im Kloster Einsiedeln. Weiss ist doch die Farbe des Friedens, nicht wahr!»

Nataly Polovnikova
Psychologiestudentin, Nikolaev, Ukraine

«Ein Freund von mir, auch Musiker, lebt hier in der Nähe. Er hat mich nach Einsiedeln gebracht. Mein erster Eindruck vom Klosterplatz war: Wow! Es war eine grosse Überraschung wie damals, als ich zum ersten Mal den Vatikan in Rom sah. Solche Plätze und Gebäude gibt es selten auf der Welt. Und heute könnten die gar nicht mehr gebaut werden. Religiös im eigentlichen Sinne bin ich nicht. Aber als Musiker muss ich etwas glauben; ohne geht es gar nicht. Ich habe immer wieder Kontakt zur Metaphysik – etwas, was vielen Menschen fehlt, weil sie zu egozentrisch sind. Mich hat erstaunt, dass ich in der Klosterkirche Orgelmusik hörte. In Griechenland wäre so etwas unmöglich. Die griechisch-orthodoxe Kirche findet, das einzig legitime, kirchliche Musikinstrument sei die menschliche Stimme. Es wäre wirklich ein Traum, einmal in dieser wunderschönen Kirche hier in Einsiedeln mit meiner Bassgitarre spielen zu dürfen.»

Yiotis Kiourtsoglou
Musiker, Athen, Griechenland

«Im März möchte ich in Santiago ankommen. Ich gehe den Jakobsweg, um erwachsen zu werden. Nach zwölf Jahren an der Waldorfschule und dem Abitur im letzten Mai fehlten mir plötzlich Halt und Struktur. Ich musste einfach weg. Nun bin ich mit achtzehn Kilogramm Gepäck unterwegs nach Spanien. Einsiedeln stand im Reiseführer. Als ich in der Dunkelheit an der Klosterpforte eintraf, wurde ich sehr herzlich aufgenommen und durfte nach einer heissen Suppe mit den Mönchen ins Abendgebet. Geschlafen habe ich im Gastbett wunderbar. Das Kloster, der Klosterplatz – alles wirkt spirituell. Auf meiner Pilgerreise versuche ich, meinen katholischen Wurzeln näherzukommen. Ich denke, ich habe ein Recht darauf, diese zu hinterfragen und für mich neu zu bewerten. Es gibt kirchliche Traditionen, mit denen ich nichts anfangen kann. Ich habe Zeit, viel Zeit und nehme es locker. Unterwegs lerne ich Gitarre spielen, fotografiere und surfe im Netz mit dem iPhone. Ich hab einen Blog eingerichtet. Am Bodensee schaute ich mir den neuen James Bond an, feierte eine ‹Obama-Night› mit grosser Party. Das Kloster Einsiedeln ist ein Ort zum Zurückkehren – hier gefällt es mir.»

Jonathan Uhmann
Student, München, Deutschland

«Wir Einheimische müssen erkennen, was für eine grosse Bedeutung dieser Platz hat – Kloster und Bezirk sollten gemeinsam den Platz neu gestalten. Das ist eine grosse Aufgabe. Ich schätze, dieser Prozess wird 15 Jahre dauern. Während meiner 35 Jahre beim Bezirk – in drei Wochen werde ich pensioniert – hatte ich beruflich immer wieder mit dem Klosterplatz zu tun. Es gibt hier eine alte Quelle – die Meinradsquelle. Das Wasser wurde 1622 vom damaligen Abt Augustinus I. Hofmann der Dorfbevölkerung zum Nutzen abgegeben, nicht aus Pflicht, sondern aus Gnade. Als der Marienbrunnen 1753 etwas weiter oben neu gebaut wurde, konnte man die Quelle aus technischen Gründen nicht mehr nutzen. Ihr Wasser fliesst seither zu zwei Brunnen im Dorf – an der Schwanenstrasse und auf dem Sternenplatz. Ich würde es begrüssen, wenn die Meinradsquelle künftig wieder für das Kloster, für all die Menschen, die auf den Platz kommen, nutzbar wäre – bei der Kaiserstatue vor dem südlichen Klosterturm.»

Oski Bisig
Ressortleiter Infrastruktur Bezirk Einsiedeln, Bennau

«Das Kloster und der Platz sind sehr eindrücklich. Als ich in die Kirche hereinkam, war ich überwältigt von der Schönheit des Raumes – einzigartig. Nie hätte ich gedacht, dass es hier in Einsiedeln eine so wunderschöne Kirche hat. Ich kann mir gut vorstellen, dass sehr viele Menschen hierher kommen, um zu beten. Ich lebe seit 15 Jahren als Zen-Meisterin mit zehn anderen Nonnen in einer Klostergemeinschaft, die ich in der Nähe von Seoul gegründet habe. Vorher führte ich ein völlig normales Leben in der Welt draussen. Ich glaube, dass im Christentum die gleiche Essenz spürbar ist wie im Buddhismus. Wir Menschen sind doch alle eins. Ich bin hier in Einsiedeln an einem internationalen Filmfestival mit einem eigenen, 21-minütigen Dokumentarfilm. Er heisst ‹What is my true self?›.»

Hye Yeo
Zenmeisterin, Seoul, Südkorea

«Das Kloster hat eine riesengrosse Ausstrahlung – nicht nur für mich, sondern für das Dorf und die Menschen, die hierherkommen. Wenn ich auf den Platz trete, ist es ein Heimkommen zur ‹Mutter der Bildung und Kultur›. Es erfüllt mich ein Gefühl von Glück und Respekt, von Dankbarkeit zum Kloster und zur Institution der Stiftsschule. Hier habe ich meine Grundbildung erhalten, die meinen Werdegang entscheidend geprägt hat, in beruflicher und in persönlicher Hinsicht. Es sind die christlichen Werte, die hier gelehrt und vermittelt werden. Hier habe ich realisiert, wie Gemeinschaft gefördert wird – im Sport, in der Musik. Ich hätte genauso gut Musiker wie Mediziner werden können. Ich lebe mit meiner Familie seit Jahren in Toronto. Wenn man, wie wir, weg ist von daheim, sind die Wurzeln zur Heimat sehr wichtig. Meine Wurzeln sind in Egg, da bin ich aufgewachsen. Und ich bin tief verbunden mit dem Kloster. Der verstorbene Pater Roman Bannwart hat mich sehr stark geprägt. Er war ein grossartiger Mensch fürs Kloster und für die Studenten. Er war mein grosses Vorbild.»

Dr. Erwin Oechslin
Chefarzt und Herzspezialist, Toronto, Kanada

«Am 16. April 2008 traf ich zum ersten Mal auf diesem Platz ein. Einsiedeln kannte ich bis zu jenem Tag nicht. Es lag einfach auf meinem Pilgerweg nach Santiago de Compostela. Dem Klosterbau schenkte ich im ersten Moment gar keine Aufmerksamkeit, sah nur eine Menge unüberwindbarer Treppen… Ich suchte einen Weg zur Klosterpforte, um den Jakobspilgerstempel zu bekommen. Drinnen in der Kirche war eine wunderbare Stille spürbar. Ich fühlte mich umhüllt, geborgen. In dem Moment waren Pforte und Stempel plötzlich nicht mehr wichtig. Nur noch das Gefühl von Ruhe und Frieden. An der Kirchenpforte wurde ich später von Bruder Alexander sehr herzlich willkommen geheissen. Wo denn meine Begleitung sei, wollte er wissen. Er staunte, glaube ich, nicht schlecht, dass ich allein im Rollstuhl unterwegs war. Ende Juni 2008 – nach rund 100 Tagen und 3500 Kilometern – kam ich reich beschenkt in Santiago an. Und heute bin ich nach Einsiedeln zurückgekehrt. Den Klosterplatz habe ich erst jetzt so richtig angeschaut. Der Marienbrunnen ist wunderschön, das Licht und das Gold der Statue, einmalig. Da kann ich nur sagen: Mögen Licht und Liebe dich tief im Herzen berühren und dich an dein wahres göttliches Sein erinnern.»

Silvana Sostaritsch
Heilpädagogin, Haid, Österreich

«Was der Klosterplatz für mich ist? Das kann ich nicht so genau sagen – nichts Spezielles eigentlich. Die Pilgereinzüge vom Marienbrunnen her, die sind eindrücklich. Aber ich bin ja jeden Tag zwischen acht und zehn Stunden hier. Der Platz ist seit sechzehn Jahren Zugang zu meiner Arbeit. Im Winter schaufle ich um halb sechs Uhr morgens Schnee vor der Kirchenfront – von der Treppe weg sind die Werkstätten des Klosters verantwortlich. Hier vor der Kirche zieht es unglaublich. Die Seite ist dem Westwind voll ausgesetzt. Schneeschaufeln ist eine schöne Arbeit. Ich stehe gerne früh auf. Die Kirche ist jeden Morgen um Viertel nach fünf offen. Um diese Zeit kommen zwei, drei ältere Leute bei der Gnadenkapelle beten. Wir sind vier Weltliche bei den Sakristanen, richten die zehn Seitenaltäre für die stillen Messen, ziehen das Opfer ein, schauen für Ruhe und Ordnung, putzen, lüften und besorgen die Opferkerzen. Pro Jahr werden etwa 600 000 Opferkerzen von Menschen aus aller Welt angezündet. Wenn ich ein Anliegen habe, opfere ich ab und zu auch ein rotes Kerzli. Die gefallen mir besonders.»

Othmar Krucker
Sakristan, Egg

«Dieses Kloster ist ein göttlicher Palast, wunderschön. Und wir sind sehr glücklich, hier sein zu dürfen. Im Juni kamen wir in die Schweiz und bleiben bis Mitte Oktober 2010 in Zürich. Im Museum Rietberg bieten wir jeden Tag während der Ausstellung ‹Heilige Kunst aus dem Himalaya› den Besuchern die Gelegenheit, den tantrischen Buddhismus am Beispiel von täglichen Reinigungszeremonien zu erfahren. Wir streuen auch ein grosses Mandala mit religiösen Symbolen – die Arbeit dauert wochenlang. Am Schluss übergeben wir den Sand dem Wasser. Für uns ist es ein grosser Segen, unsere Kunstschätze zeigen zu dürfen. Unser Kloster in Thimphu liegt an einem Fluss, weit weg von der Bevölkerung. Thimphu ist die Hauptstadt Bhutans. Unser Kloster sieht von aussen sehr einfach aus, ist aber im Innern reich geschmückt. Dieses hier ist aussen und innen reich. Wir empfinden Einsiedeln als gesegneten Ort. Wir sind lebenslang Mönche – ich, Kinzang, bin mit acht Jahren ins Kloster eingetreten. Ich kann mir kein glücklicheres Leben vorstellen als das eines Mönchs.»

«Und ich, Nima, bin seit 12 Jahren im Kloster. Die Kunst des Mandalas studierte ich während sieben Jahren.»

**Nima und Kinzang Thinley
Buddhistische Mönche, Thimphu, Bhutan**

«Tobias habe ich an der Klosterschule kennengelernt, wir sind das einzige Paar in unserer Klasse und seit eineinhalb Jahren zusammen. Für mich ist der Klosterplatz ein Stück Heimat. Als Kinder – ich bin eines von Vierlingen – spazierten wir mit unserer Familie oft über diese Pflastersteine.»

«Für mich ist der Platz Schulalltag. Wenn ich ihn frühmorgens überquere, bin ich zu müde, um ihn genauer anzuschauen. Da habe ich den Kopf eher voll mit Gedanken an die bevorstehenden Prüfungen. Irgendwie ist es für mich eine Ehre, dass ich diese Schule besuchen darf. Mein Vater hat hier vor dreissig Jahren schon die Matura gemacht. Ich finde den Platz am Abend schöner, idyllisch. Dann ist es auch ruhiger. Ab und zu spazieren Martina und ich hinauf auf den Vogelherd. Heute Abend gehen wir an den Weihnachtsball, den die beiden Matura-Klassen organisieren. Wir werden versuchen, Walzer zu tanzen. Rock'n'Roll sollten wir eigentlich auch noch lernen. Wäre doch nicht schlecht, Martina!»

**Martina Lienert und Tobias Zürrer
beide Maturaklasse Stiftsschule Einsiedeln**

«Ich bin ein *Höiwei*-Innerschwyzer und seit meiner Auswanderung 1998 schon fünfundzwanzig Mal heimgereist. Der Klosterplatz ist ein Magnet. Meine Mutter kam jeden Tag zur Muttergottes. Für mich ist es ein Stück Heimatboden. Hier habe ich im Welttheaterchor 1987 und 1992 gesungen, hier haben viele Anlässe stattgefunden. Ich war jahrelang Lehrer in der Gegend, Mitglied des Männerchors und Leiter des Wirte-Chors. Als ich wegging, meinten meine Kollegen: Der hält es in der Fremde sicher nicht aus. Weit gefehlt! Mit Suzanne, meiner grossen Liebe, lebe ich in Costa Rica, in der ‹Schweiz Mittelamerikas›, wie 2000 weitere Schweizerinnen und Schweizer. Im Raum Einsiedeln treffen wir meine drei Söhne und alte Freunde, und diesmal wollen wir die Fussball-WM mit deutschem Kommentar verfolgen. Vielleicht kehren wir im Alter nach Einsiedeln zurück. Unsere Gesundheit wird die Limite sein.»

«Ich habe Herbert im Sommer 1996 in einer Ländlermusik-Kurswoche kennengelernt und den Klosterplatz erstmals an der Premiere des Welttheaters 2000 erlebt. Wenn wir in der Schweiz sind, machen wir mindestens einmal einen Besuch bei der Muttergottes, um ihr mit einigen brennenden Kerzlein unsere Anliegen kundzutun.»

**Herbert Schön, Primarlehrer
mit Suzanne Rüesch, Reiseleiterin
Atenas, Costa Rica**

«Der Klosterplatz war eine grosse Überraschung für mich. So etwas hätte ich in diesem Dorf nie erwartet. Ich mag es, dass ich hier auf diesem imposanten Platz klein erscheine – sonst fühle ich mich mit meinen 1 Meter 95 überall meist zu gross. Ich bin hier in Einsiedeln nicht aus religiösen Gründen, sondern weil ich an einem internationalen Filmfestival, das für einige Tage im Dorfzentrum stattfindet, teilnehme. Tagsüber schaue ich mir Dutzende von Filmen an und am Abend höre ich die Kirchenglocken, bewundere die beleuchtete Kirche – ein eindrückliches Filmset, muss ich schon sagen. Obwohl: die Kirche wirkt für mich im Innern etwas überladen. Ich bin das erste Mal in Einsiedeln, zum zweiten Mal erst in der Schweiz. Die Schweiz hatte für mich früher das Image von steril. Jetzt, wo ich hier bin, erlebe ich das total anders. Ich erfahre, wie schön das Land ist. Der Ausflug auf die Rigi gestern war einzigartig.»

David Watterson
Technical Author, Bath, England

«Mit der Hälfte unserer Band sind wir auf Europatournee. Ich bin das dritte Mal in Einsiedeln. Vor 16 Jahren als Student und Trompeter der Northview High School aus Grand Rapids, Michigan, und nun als Musikdirektor. Vor 36 Jahren hat Max Colley diese Tournee ins Leben gerufen, und er ist immer noch mit dabei. Achtzig talentierte junge Musikerinnen und Musiker im Alter zwischen 14 und 18 Jahren reisen mit ihren Instrumenten, Trompeten, Tubas, Saxophonen, Klarinetten und Schlagzeugen durch sieben europäische Länder und geben Konzerte. Einsiedeln war schon immer Schweizer Etappenort. Hier ist es authentisch und sicherer für unsere Jungen als in einer Stadt. In Einsiedeln geben wir immer unser einziges Schweizer Konzert – und dazu jeweils eine Parade vom Bahnhof bis hinauf zum Schulhaus. Mir scheint, im Klosterdorf habe sich in all den Jahren kaum etwas verändert. Und der Klosterplatz ist immer malerisch und faszinierend. Bei uns in Amerika kann *Kirche* in irgendeinem Raum oder Haus stattfinden – wunderbar, dass es hier eine Kathedrale gibt! Der amerikanische Musikstil gefällt in Einsiedeln, ‹Amacing Grace› passt doch speziell gut zum Kloster Einsiedeln.»

Greg Wells
Musiker und Musiklehrer, Grand Rapids, Michigan, USA

«Heute ist mein neunter Tag hier auf dem Klosterplatz. Ich male ohne Auftrag, stelle einfach meine Staffelei auf, richte mich ein und male. Mit Ölfarben. Für das Bild der Klosterfassade, einen auf zwei Meter gross, rechne ich mit elf Arbeitstagen – bis all die unzähligen Details, die Zifferblätter sogar in Gold, gemalt sind. Ich habe Zeit, viel Zeit. Ich lebe in den Tag hinein und male aus Freude. Schon seit ich acht Jahre alt bin. Die Klosterkirche und der Klosterplatz animieren und inspirieren mich sehr. Ich beobachte die Menschen gerne. Es kommen welche, mit denen ich mich über Gott und die Welt unterhalte. Religiös bin ich eigentlich nicht, aber irgendwie doch auf Gott ausgerichtet – ein Lebenskünstler. Wenn die Sonne über den Klostertürmen aufgeht, so wie heute Morgen, ist die Atmosphäre ganz besonders. Das gibt mir ein Glücksgefühl im Herzen. Mehr brauche ich nicht. Wenn ich das Bild verkaufen kann, ist es gut – dann kann ich mit dem Geld meine Teilnahme an Schachturnieren finanzieren. Wenn nicht, macht es auch nichts! Ich bin in meinem Leben immer beschützt worden – das hat mich dankbar werden lassen.»

Willi Ingold
Kunstmaler und Gärtner, Losone und Zuoz

«Heute Morgen besuchte ich den Platz von zuhause aus – mit der Webcam, aber jetzt, vor Ort – wow! Er ist riesig, imposant. Meine Schwiegermutter in spe pilgert öfters hierher und erzählt immer ehrfürchtig von diesem Platz. Jetzt kann ich es nachvollziehen. Ich bin nicht zum Pilgern hier. Mit der Kirche habe ich wenig am Hut, meine Religion lebe ich ausserhalb. Heute hat es mich hierher verschlagen, weil mich der Frauenchor Einsiedeln zum 50-Jahr-Jubiläum engagiert hat – als ‹frölein da capo›. Ich mache music comedy. Meine Requisiten sind Euphonium, Gitarre, Trompete, Loopgerät, Röstiraffel und Seifenblasenmaschine – und mein treuer Wegbegleiter ist ein kleiner Gartenzwerg, der Erwin. Musik gehört zu meinem Leben. Ich war in Schulbands, in einem Blasmusikverein, im Jugendtheater, in einem A-cappella-Chor. Jetzt bin ich ein Einfrauorchester. Ich kann mir vorstellen, wieder hierher zu kommen, wenn die Sonne so richtig warm scheint und mega viele Leute auf den Treppenstufen sitzen. Vielleicht auch, um in der Klosterkirche ein Konzert mit dem Frauenchor Einsiedeln zu hören.»

Irene Hodel «frölein da capo»
Musikerin und Hausfrau, Willisau

«Heute habe ich Geburtstag und bin hier in der Nähe zum Nachtessen eingeladen. Der Platz hat es in sich – unheimlich und anziehend zugleich. Die schräge Ebene mit der barocken Fassade als Abschluss hat die suggestive Kraft einer Bühne. Als Kind war Einsiedeln unser Skiort. Keinen anderen erreichten wir mit so wenig Benzin. Ich wünschte mir immer, die Mönche singen zu hören, doch mein Vater hatte in seiner Kindheit zu oft ministriert und wimmelte ab. Es werde gleich dunkel und eisig auf den Strassen, und dies und das. Als ich mit zwanzig mein erstes Motorrad kaufte, führte die Jungfernfahrt schnurstracks auf den Klosterplatz, weil ich am Schutzbügel unbedingt ein Maskottchen der heiligen Jungfrau brauchte. Sie hat mich auf über 200 000 Kilometern vor allem Übel bewahrt. Ist das nicht wundersam? Dabei glaube ich gar nicht an sie. Einmal gingen meine Liebste und ich, frisch verliebt, in die Vesper. Als uns einer der Patres kuscheln sah, schenkte er uns einen kleinen Madonna-Anhänger – die Madonna beschützt uns bis heute. Sie und ich, wir hängen aneinander. Auf eine ganz unchristliche Art und Weise.»

Markus Mäder
Ghostwriter, Rapperswil

«Es ist für mich ein Ritual, vor jedem Training über den Klosterplatz, durch den Marstall und entlang der Klostermauern zu joggen. Ein paar Meter vom Klosterplatz entfernt, hängt ein Spruchband über der Strasse, auf dem mir zum Weltmeistertitel gratuliert wird. Ich fasse das irgendwie noch gar nicht, bin noch nicht im Alltag gelandet. Auf jeden Fall: Ich bin der gleiche Andreas wie vor dem Sieg, und ich glaube nicht, dass ich etwas Besonderes bin. Aber natürlich bin ich stolz, dass ich im Skispringen, meiner grossen Passion, auf der obersten Stufe stehen darf. Durch die Tür zum Gymnasium der Stiftsschule ging ich sieben Jahre lang. Ich durfte während dieser Zeit extrem oft für die Trainings fehlen, aber geschenkt wurde mir trotzdem nichts. Der Platz hier hat eine gute Energie, etwas Erhabenes, nicht Fassbares, das spüre ich. Als Skispringer bin ich rund um die Welt im Einsatz – es gibt Orte, die mir Energie entziehen. Hier kann ich Abstand nehmen, zur Ruhe kommen. Ich bin ein religiöser, offener Mensch, ein toleranter Katholik. Wenn ich reise, besuche ich auch Moscheen oder Tempel. Gott, das Höhere, finde ich überall.»

Andreas Küttel
Turn- und Sportlehrer, Skispringer, Odensee, Dänemark und Einsiedeln

«Ich liebe den leeren Klosterplatz, wenn ich auf dem Weg zum ‹Vogelherd› über die Treppen, durch den Abteihof und den Marstall jogge – so wie heute Nacht bei Vollmond! Ich laufe gern abends nach der Arbeit, um durchzulüften, mich wieder zu spüren, die Kraft des Ortes aufzunehmen und auch die Natur. Auf dem dunklen Platz habe ich für einen Moment das Gefühl, er gehöre mir. Der Klosterplatz ist Teil meines Lebens. Nicht erst seit ich ganz in der Nähe wohne. Als Erstkommunikantin schon bin ich über die breite Treppe hinauf in die Kirche gestiegen, im Welttheater 1965 war ich einen Sommer lang ein kleiner Sing-Engel, und auch später spielte ich in verschiedenen Rollen hier mit. Im Winter fuhr ich vom ‹Friherrenberg› mit meinen roten Holzskis – Marke ‹Einsiedler› – über den Klosterplatz bis heim an die Schwanenstrasse. In den Sommermonaten kamen Hochzeitspaare auf den Platz, oft Italiener. Da waren wir Kinder schnell zur Stelle und haschten nach den ausgeworfenen Zuckermandeln und 50-Räpplern. Für mich ist der Platz voller Geschichten.»

Mona Ziegler
Kommunikationstrainerin, Einsiedeln

«Während der Woche fahre ich Kies, Aushub und Belag im ganzen Kanton Schwyz herum. Am Sonntag bin ich temporärer Kutscher auf dem Klosterplatz. Ich warte auf dem Standplatz mit *Bonny*, meinem Freiberger, und *Bäri*, dem Hund, auf Gäste. Wir führen sie Richtung Staumauer, rund um den Sihlsee und durchs Riet. Ich fuhr auch schon Heimweh-Einsiedler durch die engen Dorfgässchen – die wollten ihre alte Heimat unbedingt von der Kutsche aus erleben. Heute hatten wir noch keinen Einsatz. Macht nichts! Ich kutschiere aus Freude, nicht wegen des Geldes. Mein Wagen, eine polnische Wagonnette, muss sauber geputzt sein, das Pferd gestriegelt. Das ist mir wichtig. Alles muss doch eine Gattung machen. *Bäri* sitzt immer mit auf der Kutsche. Wenn die Leute Angst haben, nehme ich den Hund zu mir auf den Bock. Sprechen die Gäste nicht deutsch, rede ich halt mit den Händen. Mit dem Kloster habe ich wenig Kontakt. Allenfalls gehe ich an Ostern und Weihnachten hier in die Messe.»

Walter Schönbächler
Lastwagenchauffeur, Willerzell

«Mein Mann und ich kamen gestern völlig erschöpft auf dem Klosterplatz an – nach einer 170 Kilometer langen Velotour über mehrere Pässe. Das war eindeutig zu viel. Eigentlich wollten wir ja eine ganz andere Route fahren – über den Pragelpass; wir sind wirklich versehentlich hier. Vom Bett in der ‹Sonne› aus sahen wir auf den Platz, über dem das Kloster thront. Prachtvoll. Und der Klosterplatz ist gewaltig. Wirklich schön. Schade finde ich nur, dass es so viele Autos hat. Wallfahren sollte man doch zu Fuss oder mit dem Velo, nicht? Heute in der Früh holten wir Wasser vom Brunnen. Es wird uns sicher dienlich sein, uns auf der Heimfahrt beflügeln. Eine meiner Patientinnen ist von der Schwarzen Madonna inspiriert. Wo wir schon mal hier waren, wollte ich sie auch sehen und mehr über sie erfahren. Es ist berührend, dass ein Pater im Kloster für die Kleider der Muttergottes in der Gnadenkapelle zuständig ist.»

Martina Rufener Schubert und Christoph Schubert
Ärzte, Uetikon am See

«Ich begleite meine Mutter oder Kolleginnen jeden Sonntag nach dem Mittagessen in die Klosterkirche. Daheim sprechen wir tamilisch; ich kann aber auch Schweizerdeutsch, gehe in Einsiedeln zur Schule. Mutter war Hindu und wurde katholisch, als sie meinen tamilischen Vater heiratete. Er arbeitet als Abwart in der Stiftsschule. Wir beten zuerst bei der Gnadenkapelle, dann bei allen vierzehn Stationen in der Kirche und zünden immer auch eine Kerze an. Für alle Menschen, vor allem für unsere Verwandten in Sri Lanka. Mich interessiert die Religion nicht besonders. Aber beim Beten in der Kirche kann ich mir Dinge wünschen, die mir wichtig sind. Viele meiner Landsleute kommen aus der ganzen Schweiz hierher ins Kloster. Einer kam für ein Anliegen 24 Wochen lang, jede Woche. Es hat gewirkt. Ich glaube daran: Wenn man sich etwas fest wünscht, und dafür betet, dann erfüllt es sich.»

Leesha Anton Rajeswaran
Schülerin, Jaffna, Sri Lanka und Einsiedeln

«Das Kloster sehe ich zum ersten Mal, es ist eindrücklich, wie eine Festung. Wenn die Sonne scheint, muss es hier wunderbar sein. Ich wurde eingeladen, an der Stiftsschule einen Vortrag zu halten über meine Tätigkeit als Ärztin im einzigen Kinderkrankenhaus auf der Westbank, im Bethlehem Children Hospital. Zu uns können alle kranken Kinder kommen, gleich welcher Religion, ob arm oder reich. Ich reise nicht viel, arbeite meistens im Spital. Es ist herrlich, dass ich mich hier in der Schweiz bewegen kann, wie ich will, ohne laufend meinen Ausweis zeigen zu müssen. Und auf dem Klosterplatz ist mit dem Markt, den vielen Lichtern und der Musik schon Weihnachtsstimmung. Ich komme tatsächlich in die Schweiz, um Weihnachten zu spüren – die weihnächtliche Stimmung fehlt in Bethlehem total. Als Palästinenserin wünsche ich mir Frieden für mein Volk und dass alle Menschen in Würde leben dürfen. Dass unser Krankenhaus weiterbestehen und Hilfe leisten kann. Und vor allem, dass meine eigenen Kinder und all die Kinder in unserem Land eine Zukunft haben.»

Dr. Hiyam Marzouqa
Medical Director. Bethlehem. Israel

«Ich war das erste Mal als Achtzehnjähriger mit einer apostolischen Gruppe hier – wir betrieben 1981 Streetwork mit Drogenabhängigen in Zürich. Der Abschluss dieses einwöchigen Einsatzes war eine Wallfahrt nach Maria Einsiedeln. Ich erinnere mich an den Marienbrunnen, an das Gebet bei der Gnadenkapelle. Das ganze Elend der Drogensüchtigen trugen wir damals vor die Muttergottes. Ich wusste noch nicht, dass ich mal Priester werden würde. Der Klosterplatz beeindruckt mich durch seine Weite. Er hat einen Sog auf die Kirche zu ... es zieht mich hinein. Er weckt in mir eine Erwartung. Hinter dieser grauen Fassade, Symbol unseres Lebens, ist der Goldglanz des Himmels, der mich in der Kirche erwartet. Wenn ich diese betrete, bin ich angekommen. Und ich weiss, dass mein Leben ein Ziel hat. Wir Mönche von Heiligenkreuz sind berühmt geworden durch unsere Gregorianik-CD ‹Chant – Music for Paradise›, die noch vor Madonna und Amy Winehouse in den Popcharts landete.»

Prof. Pater Karl Wallner
OCist Rektor Stift Heiligenkreuz im Wienerwald, Österreich

«Güdelmontag – mit grosser Ungeduld warte ich auf meinen heutigen Auftritt. Für wenige Stunden werde ich eine Bühne und ein Hochgefühl haben! Morgen Abend, am Fasnachtsdienstag, wird die ganze dämonische Herrlichkeit wieder für ein Jahr vorbei sein. Beim Pagatverbrennen, beim Aufsteigen des Feuers und zu ohrenbetäubendem Treicheln und Geisselchlöpfen nehme ich dann meinen lautlosen Abgang. Ich starte heute um neun Uhr am Sühudiumzug im Unterdorf, zusammen mit meinen Teufelskollegen. Die Treichler sind schon seit vier Uhr unterwegs und künden dem Volk lautstark an, dass bald der Teufel los sei. Der Teufelsfuhrmann treibt mich am Umzug an. Vor dem habe ich aber keine Angst, er soll sich ruhig in Sicherheit wiegen. Der Klosterplatz ist das Einzige, was mich in Schranken hält. Das ist von jeher so geregelt. Glücklicherweise durfte der Fürstabt dem Dorf nicht dreinreden – bis zur geraden Kante beim Frauenbrunnen gehört der Platz nämlich dem Bezirk. Noch kein Teufel ging darüber hinaus! Der klerikale Boden und die Kirche erst recht sind mir ein Gräuel. Wenn ich diese Schwellen jemals überschreiten wollte – dann sicher inkognito. Also aufgepasst: Der Teufel ist überall.»

Dr Tüfel

«Ich bin wegen der Liebe in Einsiedeln. Mein Freund Jochen Tillack lebt und arbeitet als Architekt im Dorf. Es ist hier so friedlich und ruhig – im Vergleich zu Las Vegas, wo ich lebe. Die Berge und die Natur sind wunderschön. In der Kirche war ich schon einige Male. Ich bin ja schon zum sechsten Mal in Einsiedeln. Die Architektur des Klosters ist wunderschön – die Anlage ist wirklich ein Kunstwerk. Der vielleicht grösste Unterschied zwischen Las Vegas und Einsiedeln? Las Vegas ist flach und heiss, dort ist alles künstlich und nur etwa hundert Jahre alt – das Kloster hier hat tausend Jahre Geschichte, liess ich mir erzählen. In Hongkong lebte ich meine ersten zwanzig Lebensjahre und besuchte dort eine katholische Schule. Ich werde demnächst amerikanische Staatsbürgerin und darf dann sechs Monate nicht mehr ausreisen. So werde ich Jochen erst nächsten Frühling wieder besuchen können.»

Yuen Fan Wong
Merchandiserin, Hongkong und Las Vegas, USA

«Ich bin mit dreissig Kühen, einem Stier und einem Rind heute an die Einsiedler Viehausstellung gekommen. Zu Fuss. Wir gehen um halb sieben zuhause weg und brauchen für die viereinhalb Kilometer eine Stunde. Über die Hauptverkehrsachse durchs ‹Rappennest› und die Umfahrungsstrasse via Horgenberg auf die Brüelmatte. Die Autofahrer sind recht tolerant. Ich bin sehr zufrieden. Wir hatten heuer wieder eine ‹Miss Einsiedeln› – unsere achtjährige *Friset* hat beim Original Braunvieh mit Hörnern gewonnen. Mit einer bekränzten Kuh mit der Miss-Schleife und grosser Glocke beim Umzug über den Klosterplatz und durchs Dorf laufen zu dürfen, macht mich schon stolz. Den Klosterplatz erlebe ich dann wie eine grosse Arena. An diesem Tag habe ich meine Gedanken natürlich nicht beim Platz. Aber ich komme während des Jahres ab und zu in die Kirche, um Kraft zu schöpfen und aufzutanken, auch zu danken. Für einen Erfolg, wie jetzt mit der *Friset*. Den Herrgott vergess ich nie. In einer so grossen Kirche gefällt mir die Masse der vielen Menschen nicht. Ehrlich gesagt, für mich habe ich die kleineren Kapellen lieber. Dort ist es familiärer.»

Tobias Kälin
Landwirt, Altberg-Bennau

«Der Klosterplatz war der Spielplatz meiner Kindheit, mein Quartier. Die Leute vom Frauenbrunnen herunter zu erschrecken, das war ein Spass. In der Klosterküche bekamen wir als Kinder Hostienabfälle und spielten damit *Pfärrerlis*. Ums Kloster herum habe ich viel Zeit verlebt. Einmal bin ich auf diesen *Bsetzis* grauenhaft umgefallen, habe mir die Knie aufgeschlagen. Unvergesslich! Noch heute habe ich Respekt vor diesen Steinen. 1981 habe ich das erste Mal im Welttheater mitgespielt – als Engel. 2007 gaben mir Thomas Hürlimann und Volker Hesse eine wunderbare Rolle. Ich ging ohne jegliche Erwartung ins Spiel – wollte einfach einen Sommer lang Theater spielen, an diesem grossen Ereignis teilhaben. Nein, im Hinterkopf dachte ich schon, ich würde vielleicht die Schönheit spielen. Diese Rolle war die schönste in meinem Leben – ich konnte meine Italianità voll ausleben, singen, tanzen. Mit Pater Kassian zusammen das Stück erarbeiten, mit ihm zu spielen, war einmalig. Er spielte die ‹Welt› – es war sehr herzlich mit ihm. Ab und zu dachte ich, wenn sie mir jetzt wegstirbt, die ‹Welt›? Das habe ich wirklich gedacht.»

Stefania Heinzer-d'Intino
«Schönheit» im Welttheater 2007 und Floristin, Einsiedeln

«Mit meinen Grosseltern bin ich schon als Kind im Wohnwagen nach Einsiedeln gekommen. Ich führe die Tradition weiter und organisiere seit vielen Jahren für die Fahrenden diese besinnliche Woche. In der Schweiz leben 35 000 Jenische. Wir haben eine eigene Sprache. Dieses Jahr sind wir mit 60 Wohnwagen und etwa 300 Menschen hier. Früher hatten wir Probleme mit der Bevölkerung, heute geht es viel besser. Die Religion bedeutet mir viel, und ich weiss, wenn uns Abt Martin nicht so wohlwollend aufnehmen würde, könnten wir nicht mehr kommen. Er hat sogar seine Ferien unterbrochen, um mit uns Gottesdienst zu feiern. Er versteht mich, das spüre ich. Die Lichterprozession über den Klosterplatz, die Kreuzwegandacht und die grosse Messe in der Klosterkirche während dieser Wallfahrtswoche sind für mich Höhepunkte. In der Klosterkirche fühle ich mich geschützt, ich nehme viel Kraft für den Alltag mit. Ich stamme aus einer der grössten Fahrenden-Familien. Von meinem Vater habe ich das Scherenschleifen und Geschirrflicken gelernt. Ich habe viel Schweres in meinem Leben erlebt, bin misstrauisch geworden. Wir Fahrende sind Menschen mit viel Gefühl und spüren sehr schnell, wenn uns Misstrauen entgegengebracht wird. Bei der Muttergottes bin ich akzeptiert – so wie ich bin.»

Daniel Gerzner
Kaufmann, Jenischer Fahrender

«Ich bin einer von gegen sechshundert Bauhandwerkern, die auf Wanderschaft sind. Es ist eine 800 Jahre alte Tradition, dass Gesellen mit abgeschlossener Berufsausbildung für drei Jahre und einen Tag durch die Welt reisen und arbeiten. Seit sieben Monaten bin ich alleine unterwegs. Es ist eine einmalige Möglichkeit, mich handwerklich weiterzubilden und menschlich Erfahrungen zu sammeln. Ich ziehe ungebunden und frei durch die Lande, habe Zeit. Ich arbeite da, wo es mir gefällt. Was ich alles erlebe! Einsiedeln wurde mir empfohlen. Ich kam gestern Abend mit Autostopp hierher – schade, konnte mir der Statthalter keine Arbeit vermitteln. Für die Übernachtung im Kloster habe ich nichts bezahlen müssen. Dafür hab ich was gespendet. Die Kirche beeindruckt mich – viel Prunk und Protz, für mich als Maurer ein interessantes Objekt. Seit ich zwanzig bin, lebe ich als Christ. Das Katholische kenne ich weniger. Es ist mir wichtig zu wissen: Es gibt einen Gott, ich habe eine lebendige Beziehung zu ihm, ein Ziel – das ewige Leben. Kann sein, dass ich auf meiner Wanderschaft nach Einsiedeln zurückkomme. Heute ziehe ich weiter … vielleicht trampe ich nach Italien.»

Martin Betz
Rechtschaffener, fremder Maurer, Pyras, Deutschland

«Ich bin Hindu, glaube aber an Jesus und an die Muttergottes. Die Schwarze Madonna ist für uns sehr wichtig. Es ist wunderschön und eindrücklich hier. Ich bin das erste Mal in der Schweiz, ich kam mit Freunden hierher, die in Steinerberg wohnen. Ich lebe mit meinem Mann und mit meinen Kindern in Dänemark, wie viele meiner srilankischen Landsleute. Hier in der Klosterkirche zu beten, war mir sehr wichtig. Ich habe auch eine Kerze angezündet – für den Frieden. Mein grösster Wunsch ist der Friede für das srilankische Volk, endlich das Ende des Krieges in der fernen Heimat.»

**Selladurai Thavamalar
Küchengehilfin, Fredericia, Dänemark**

«Die jährliche Wallfahrt im Juli ist für mich ein Heimkommen. Ich bin Bürgerin von Einsiedeln. Die Woche im Klosterdorf ist Tradition und verbindet uns Fahrende, die wir das ganze Jahr über mit unseren Familien in der Schweiz unterwegs sind. Seit zwölf Jahren bin ich Katechetin der Fahrenden und unterrichte unsere Kinder. Die Kinder, manchmal sind es bis zu siebzig an der Wallfahrt, sind unsere Könige. Und es ist für mich ein Stolz, ihnen das Wort Gottes näher bringen zu dürfen, sie beten zu lehren. Ich erlebe das als Berufung. Die Liebe Gottes trage ich im Herzen, und mein Glaube wächst und wächst. Wenn ich auf den Klosterplatz trete, ist das ein gutes Gefühl. Mein erster Besuch gehört dann jeweils der Muttergottes – der Gottesfrau. Oft komme ich mit schwerem Herzen, bespreche mich mit Maria, der Mutter Jesu, und darf mit leichtem Herzen abreisen. Wir sind seit Generationen Fahrende. Mein Mann ist Scherenschleifer und Händler. Unser erstes der drei Kinder gebar ich im Wohnwagen, als ich 16 Jahre alt war. Heute bin ich neunfache Grossmutter. Sesshaft in einer Wohnung zu leben, ist für mich undenkbar. Solange die Vögel pfeifen, fahren wir.»

Marina Birchler
Hausfrau, Jenische Fahrende

«Spiritualität bedeutet mir viel und darum auch dieser Kraftplatz. Die Klosteranlage, gegen Osten gerichtet, ist etwas ganz Spezielles. Wie die Notre-Dame in Paris und natürlich Chartres. Sie schafft Raum und eine Annäherung. Ich komme zu mir. Je weiter ich im Kirchenschiff voranschreite, umso mehr dringe ich in mein eigenes Inneres ein. Wenn ich dann vorne stehe, auf dem Platz, der sehr energiegeladen ist, und hinauf in die einzige Öffnung schaue, bin ich immer wieder überwältigt. Auch die Schwarze Madonna strahlt eine ungeheure Kraft aus. Als Mensch bin ich immerwährend auf Pilgerreise, schaue mit offenen Augen und Sinnen, was mir begegnet, und bin neugierig. Weil ich hörte, dass der Klosterplatz umgebaut werden soll, kam ich heute nach einer Wanderung auf der Sattelegg hierher. Hoffentlich wird beim Umbau nichts Falsches gemacht! Diese Kirche ist ein spirituelles Zentrum am richtigen Ort. Die Leute verstanden damals beim Bau etwas von Geomantie. Sie hatten ein Gespür für Energien. Die Menschen haben es verlernt und vergessen, sich im religiösen Sinn zu wundern. Wunder geschehen doch immerfort – sie suchen einen. Das ist eine Form von Wachheit und Offenheit.»

Jean-Michel Neukom
Kunstmaler, Uznach

«In meiner Heimatstadt Teheran haben wir eine Menge schöner Moscheen; aber ich finde, das Kloster Einsiedeln mit diesem grossen Platz kann von der Eindrücklichkeit her mit diesen mithalten. Ein amerikanisches Paar erzählte mir von Einsiedeln, da müsse ich unbedingt hin, der Ort sei etwas vom Schönsten in der Schweiz. Ich bin das erste Mal hier und wirklich sehr beeindruckt. Schade, dass ich meine Fotokamera mitzunehmen vergass: Dieser Platz ist ja spektakulär! Ich muss einfach wiederkommen. Ich habe mich in einen Schweizer verliebt und lebe zurzeit in Zug. Ich arbeite als Brand Manager bei Mars, im Speziellen für das Katzenfutter Sheba. Aufgewachsen bin ich in Toronto, aber im Herzen bin ich Iranerin geblieben. Ich fühle mich ein wenig als Weltenbürgerin, spreche Farsi und Englisch. Die meisten Iraner sind Moslems, ich bin nicht religiös. Mich fasziniert die Kultur, das Geschichtliche rund um die Welt – auch hier in Einsiedeln. Unglaublich, dass dieses Kloster schon über tausend Jahre alt ist!»

Sonia Tehranchi
Brand Manager, Teheran, Iran, Toronto, Kanada und Zug

«Der Klosterplatz ist für mich seit meiner Kindheit eine Bühne, ein Schauplatz. Ich habe als Einsiedlerin und leidenschaftliche Laien-Theaterspielerin schon x-mal am Welttheater mitgemacht. Dabei durfte ich in verschiedenste Rollen schlüpfen und diese vor grossem Publikum ausleben. So war ich ein Engel, die ‹Schönheit›, die ‹Weisheit›, eine Nonne oder eine ‹Amüsierwütige›. Ein Traum ging für mich im Sommer 2007 in Erfüllung, als ich bei 37 Aufführungen im weissen Hochzeitskleid mit Schleppe von meinem Theater-Partner würdevoll die Klosterstufen hinauf in die Kirche geführt wurde. Wenn ich in den welttheaterfreien Jahren über den Platz zur Kirche hinaufsteige, kommt er mir erdrückend, überwältigend vor. Wenn ich dann aber aus der Kirche auf den Platz hinaus trete und über die vielen Stufen ins Dorf hinuntergehe, kann ich wieder frei atmen, geht mir das Herz auf. Seit ein paar Jahren führe ich mein Modegeschäft gleich hier am Klosterplatz; ich mag schöne Kleider. Aber oft kommt mir der Satz in den Sinn, den ich als ‹Schönheit› rezitierte: ‹In der Todesgarderobe sind wir alle gleich.›»

**Rosmarie (Ringgi) Oechslin
Modefachfrau, Einsiedeln**

«Als Geburtstagsgeschenk habe ich mir einen Besuch in der Klosterkirche gewünscht. Schön, dass ich noch einmal in der Gnadenkapelle zur Muttergottes beten darf. Jetzt, da ich älter bin, sind das ‹Vater unser› und das ‹Gegrüsst seist du, Maria› Zentrum meines Denkens geworden. Der grosse Klosterplatz vermittelt mir das Gefühl von Heimat und Religiosität. Er hat mich durch mein ganzes Leben begleitet – von klein auf. Schon als Schulkind pilgerte ich mit der ganzen Kirchgemeinde einmal im Jahr von Egg ins Klosterdorf und betete auf dem Fussmarsch den Rosenkranz. Ich bin vor hundert Jahren im Pilgergasthaus zum ‹Sternen› am Etzel geboren und mit sieben Geschwistern aufgewachsen. Ganz in der Nähe des Geburtsortes von Paracelsus. Die meisten Pilger kamen zu Fuss vom Zürichsee her, ja sogar aus Deutschland und Österreich über den Etzelpass und stärkten sich bei uns in der Wirtschaft, bevor sie sich für die letzte Stunde bis ins Klosterdorf aufmachten.»

Alma Christe-Kälin
Einsiedeln

«Der Pfingstsonntag ist in Portugal der nationale Feiertag der Töfffahrer – viele pilgern dann mit ihren schweren Maschinen nach Fatima. Da ich in der Schweiz lebe, bedeutet mir die Wallfahrt nach Einsiedeln so viel wie die Pilgerreise nach Fatima. Über 300 Fahrerinnen und Fahrer, Töffs und Helme werden heute Morgen hier auf dem Klosterplatz von einem Pater des Klosters gesegnet. Ich habe diesen Töff-Anlass nun zum zweiten Mal organisiert, zusammen mit meinen Kollegen aus dem MCLatinos. Frauen und Männer aus ganz Europa sind unserem Aufruf im Internet gefolgt. Neunzig Prozent unserer Club-Mitglieder sind Portugiesen, Italiener und Spanier – alles Männer. Nächstes Jahr kommen wir bestimmt wieder; natürlich bei jedem Wetter und vielleicht mit noch mehr Maschinen. Die Schwarze Madonna bedeutet mir viel. Im Kloster Einsiedeln bekomme ich neue Kraft – Töfffahren ist ja bekanntlich nicht ungefährlich!»

Anibal Jorge Ferreira Amaral
Gemüsepflücker, Porto, Portugal und Salmsach

«Es gefällt mir bei meiner Gotte Belén in Einsiedeln gut. Sie lebt seit einem Jahr in Bennau und kommt aus Madrid, wie ich. Ich lebe mitten in der Grossstadt und bin gern einmal auf dem Land. Die Kühe und die Pferde, die gefallen mir. Auf dem Klosterplatz bin ich das erste Mal, und hier fürs Interview zu sitzen macht mich ein wenig nervös. Ich bin noch nie interviewt worden. Ich würde auf diesem grossen Platz gerne Fussball spielen – ich bin Captain meiner Schulmannschaft. Als die Spanier letzten Sonntag den WM-Pokal gewannen, musste ich weinen. Ich wäre in dem Moment schon gerne daheim gewesen. Diese WM werde ich nie vergessen. Auch weil ich in diesem Jahr das erste Mal allein so weit gereist bin. Übrigens: das Kloster in Samos, am Jakobsweg, wo meine Grossmutter wohnt, ist schon viel weniger luxuriös als dieses Kloster hier, finde ich.»

**Martin Fiksman
Schüler, Madrid, Spanien**

«Die Zuger pilgern traditionsgemäss seit über vierhundert Jahren an Auffahrt zur Muttergottes – und ich laufe seit ich sieben Jahre alt bin nach Einsiedeln. Ich habe gemerkt, dass es mir etwas gibt. Ich finde zu mir selber, lerne mich besser kennen. Der Klosterplatz ist für mich keine touristische Attraktion. Er ist ein Stück Heimat, fühlt sich an wie Heimkommen. Heute war ich mit 55 Jungen neun Stunden zu Fuss unterwegs an die ‹Junge Wallfahrt›. Ich hatte die Organisation übernommen – zum Mitlaufen aufgerufen, einen Flyer gestaltet, per Internet die Leute motiviert. Das Echo war überwältigend. Pilgern ist eine Möglichkeit, sich Gedanken zu machen, sich ein Ziel zu setzen, das man erreichen kann – symbolisch und wirklich – Schritt für Schritt. Aber eine Anstrengung braucht es, körperlich und geistig. Wie im Leben. Wir Jungen sind sehr sensibel für solche Sachen. Wir sind auf der Suche nach Spiritualität, nach Orten, an denen man Antworten findet – die oft kleinen Antworten auf grosse Fragen.»

Martin Iten
Selbstständiger Polygraf, Oberwil

«Ich habe Einsiedler Wurzeln. Mein Grossvater, Peter Gyr, stammt aus dem Klosterdorf. Und mein Vater ging hier in die Klosterschule. Ich selber habe mit Einsiedeln wenig am Hut – für eine Bekannte verkaufe ich hier am Martinimarkt ‹Mode für Köpfe›. Wenn ich nicht irgendwo im Land als Marktfahrer unterwegs bin, arbeite ich als Musikproduzent und nehme beispielsweise afrikanische Kindermärchen auf CDs auf oder afrikanische Lieder aus den 20er-Jahren. Im Sommer bin ich an den Open Airs anzutreffen. Meine Mutter stammt aus Ruanda. Die Schwarze Madonna in der Klosterkirche finde ich sehr speziell, weil sie schwarz ist wie ich. Religiös bin ich nicht. Ich habe meine eigenen Götter. Dass ich hier mit meinem Stand aber fast auf dem Klosterplatz stehe, freut mich. Der Brunnen ist pompös, der macht mir Eindruck. Ich komme *back to the roots*, zurück zu den Wurzeln, ist das nicht lustig?»

Anton Mutayoba Gyr
Marktfahrer, Montreux

«Als Gymnasiast reiste ich am Markustag, am 24. April 1946, aus Genf nach Einsiedeln – für das Lyzeum am Knabenseminar musste ich entweder nach Einsiedeln oder nach Engelberg. Der erste Eindruck vom Klosterplatz war überraschend und eine Entdeckung. Ich wurde eingeladen hinaufzulaufen – nicht zweck- und sinnlos, nicht als Sportübung, sondern dem Heiligtum entgegen. Es sind wie zwei Arme, die einen umfangen, man wird willkommen geheissen. Der Platz ist schön – aber für Leute, die kranke Füsse haben, sehr beschwerlich. Am 1. Oktober 1947 rückte ich ein, bekam als Interner die Zelle 170 im Zellensaal D. Meine Mutter meinte: ‹Du willst doch nicht in diesem Loch schlafen?› Doch, das wollte ich. 1949, nach der Matura, am Chilbimontag, trat ich mit drei Kameraden aus der Stiftsschule ins Kloster ein, hatte fünf Jahre später, zusammen mit Pater Kassian, Primiz. Seit 1958 bin ich – ausser einem fünfjährigen Einsatz als Französisch- und Italienischlehrer an der Schule – weg vom Kloster. Aber ich bin Einsiedler Benediktiner, gehöre dazu. Abt Martin sagte, ich könne zurückkommen – in jedem Zustand. Das ist für mich ein Zeichen starker Zugehörigkeit.»

Pater Amédée Grab
OSB emer. Bischof, Chur

«Es gibt drei Gründe, warum wir nach Einsiedeln und auf den Klosterplatz gekommen sind. Erstens lebte mein Vater als Gymnasiast ab 1921 bis zu seiner Matura im Internat der Stiftsschule. Als Familie unternahmen wir später viele Sonntagsausflüge von Aarau hierher in die Klosterkirche, zur Vesper und zum Salve Regina oder an Konzerte. Zweitens wollte meine Frau Sapanna erfahren, wie sich der Umgang der Christen mit ihren spirituellen Stätten im Vergleich zu den buddhistischen Traditionen gestaltet. Mein Schwiegervater ist ein buddhistischer Mönch in Thailand, wo ich seit zehn Jahren lebe. Und drittens wollte ich als Architekt diese Kirche wieder einmal sehen. Das Bauwerk, die Architektur interessiert mich.»

«Ich bin tief beeindruckt vom Klosterplatz. Für mich besteht aber eine gewisse Diskrepanz zwischen dem touristischen Umfeld einerseits und dem eindrücklichen Bauwerk mit grosser spiritueller Ausstrahlung und historischem Kontext andererseits.»

Konrad Oehler und Sapanna Kerdklam mit Sohn Benjamin
Architekturdozent und Bijouteriefachfrau, Chonburi, Thailand

«Ich bin ein religiöser Mensch. Darum habe ich mir in Portugal Jesus auf die Brust tätowieren lassen. Das ist in unserem Land nichts Aussergewöhnliches. Seit zwei Jahren lebe ich in der Schweiz. An Ostern, im August und an Weihnachten gehe ich heim zu meiner Frau und meinem Sohn Bruno. Das Handwerk des Pflästerers habe ich mit 18 Jahren von meinem Vater gelernt. Es ist speziell, im Abteihof des Klosters zu arbeiten. Jetzt im Sommer ist es hier auf der Baustelle fünfzig Grad heiss. Mir macht das nichts aus. Zu einem kleinen Teil verwenden wir die alten Steine, die bis zu dreihundert Jahre alt sind, den grössten Teil ersetzen wir. Sandstein kann verfaulen, Granit nicht. Im Abteihof verarbeiten wir zu viert auf 2500 Quadratmetern 220 000 Steine – mehrheitlich Alpenkalk, auch Granit, Basalt und vereinzelt Sandsteine. Bei der Bogenpflästerung arbeite ich am liebsten mit Granitsteinen. Das wilde Muster ist knifflig. Das Ganze darf ja nicht regelmässig wirken. Es braucht enge Fugen, und es ist schwer, die Oberfläche ebenmässig zu halten. Die Steine haben unterschiedliche Formen, nicht alle sind gleich hoch und lang – aber sicher halten sie dann wieder hundert Jahre.»

Carlos Jorge Almeida-Duarte
Pflästerer, Viseu, Portugal und Wetzikon

«Einsiedeln hat für mich schon viele Jahrzehnte eine Bedeutung. Ich bin in Zug aufgewachsen, und Pilgerreisen ins Klosterdorf gehören zu meinen Kindheitserinnerungen. Später, als Schauspieler, war ich jahrelang an der Volksbühne in Berlin engagiert. Als wir uns 1969 wieder im Kanton Zug niederliessen, stand Einsiedeln für Freunde und Bekannte aus aller Welt, die uns besuchten, immer auf der Ausflugsliste. Seit eineinhalb Jahren wohnen wir in diesem Tessiner Altersheim. Meine Frau Eva-Maria und ich kommen nun schon zum zweiten Mal mit etwa achtzehn Leuten aus der ‹Casa Anziani› in Ronchini hierher in die Sommerferien. Es ist hier im Juli herrlich kühl, und die Natur und die Umgebung gefallen mir. Der ‹Dällenbach Kari› war meine wichtigste Rolle. Sie hat mir schweizweit eine ungeheure Popularität verliehen. Wenn ich hier in Einsiedeln durchs Dorf laufe, erkennen mich die Leute – das ehrt und freut mich sehr. Nächsten Sommer bin ich hoffentlich wieder mit dabei, in den Einsiedler Ferien.»

Walo Lüönd
Schauspieler, Ronchini

«Das Kloster Einsiedeln ist wichtig für uns äthiopische Orthodoxe. Mindestens zweimal im Jahr pilgern wir aus Genf hierher zum Beten und zum Danken – für alles, was wir haben im Leben. Wir erleben es immer wieder als Segnung. Der Klosterplatz ist wunderschön, aber leider etwas zu touristisch. Es hat zu viele Souvenirläden. Die nehmen die Aufmerksamkeit vom Platz weg. Habtnesh, meine Schwester, ist das erste Mal in der Schweiz auf Besuch. Sie lebt in Addis Abeba. Hiwot und ich, wir leben seit 1998 in Genf, haben dort studiert und arbeiten jetzt bei der UNO im administrativen Bereich. Meine Schwester ist mit einem Äthiopier verheiratet, Emmanuel ist ihr kleiner Sohn. Mein Mann ist Eritreer. Ich sehe ihn nur in den Ferien zuhause in Addis Abeba. Wir haben oft Heimweh nach Äthiopien. In zwei Jahren laufen unsere Verträge in der Schweiz ab. Vielleicht werden wir dann nach Asien oder Afrika versetzt.»

Arcturus, Hiwot und Habtnesh Joseph mit Emmanuel
Addis Abeba, Äthiopien und Genf

«Dreizehn Mal war ich im Kloster Einsiedeln zu Gast, seit ich 1999 mit meinen Chor-Studenten des Trinity College das erste Konzert in der Klosterkirche aufführen durfte. Fünf weitere Auftritte folgten – so sangen wir in der feierlichen Messe zur Weihe von Abt Martin am 16. Dezember 2001 und während der Primizmesse von Pater Jean-Sébastien. Pater Lukas Helg, der Kapellmeister, und ich wurden von der ersten Stunde an gute Freunde. Ich bin Anglikaner, habe aber eine grosse Achtung vor der katholischen Tradition. Vor allem liebe ich die Musik. Die Gottesdienste, die Liturgie und die Gesänge der Mönche sind eindrucksvoll. Ich fühle mich in dieser von herrlicher Musik geprägten Abtei sehr daheim – und die Freundschaft zu den Mönchen und zu verschiedenen Menschen in Einsiedeln ist von Jahr zu Jahr gewachsen. Ich schätze die Ruhe hier, den Freiraum, der mir zum Sein, Denken und Studieren geboten wird – fern von Hektik und E-Mails. Nicht zuletzt mag ich die ausgedehnten Spaziergänge rund um das Klosterareal bis hinauf auf den Freiherrenberg. Die Stimmung heute, mit dem frisch gefallenen Schnee, ist einzigartig.»

Richard Marlow
Musikprofessor und Chor-Dirigent, Cambridge, England

«Der Platz ist riesig, und trotzdem bietet er Geborgenheit, strahlt Wärme aus. Es ist, als würde ich von ihm in die Arme genommen. Wenn ich eine innere Unruhe, Lebensunruhe, verspüre und meine, in die weite Welt entfliehen zu müssen, dann setze ich mich auf eines der Steinmäuerchen. Die Klostermauern bieten Schutz und Stabilität, hier darf ich anlehnen. Dieser Platz trägt und erträgt jede Geschichte. Er unterscheidet nicht, ob jemand reich ist oder arm, Moslem oder Christ. Mir fällt auf, dass sich die Leute gegenseitig helfen – wenn ein Kinderwagen nicht mehr weiterkommt, jemand die schwere Kirchentür nicht aufbringt. Ich staune auch, wie viele Menschen der Platz verschlucken kann. Es ist ein riesiges Privileg, dass ich am Klosterplatz wohnen darf. Ich kann entweder eintauchen in diesen Platz oder Zuschauerin sein von meinem Stubenfenster aus. Das Glockengeläute stört mich überhaupt nicht. Im Gegenteil. In meinem turbulenten und chaotischen Leben geben mir die Glocken eine Tagesstruktur und Ordnung. Das tut meiner Seele gut.»

Nadia Brönimann
Event-Managerin, Einsiedeln

«Ich habe mich auf dem Internet über Einsiedeln schlau gemacht. Ein Freund riet mir, hierher zu kommen. Es sei nahe von Zürich und ideal für die Kinder. Wissen Sie, ich kenne die Schweiz noch kaum. Wir leben erst seit vier Monaten in Adliswil. Ich arbeite bei Google in Zürich als Site Reliability Engineer. Ich komme ursprünglich aus Budapest, war aber auch schon einige Jahre in der Nähe von Chicago als Ingenieur tätig. Wir schlitteln heute mit unseren drei kleinen Kindern, Lorant und Nandor und dem Kleinsten, dem 8 Wochen alten Albert, am Hang hinter dem Kloster. Es ist so schön hier. Ich glaube, wir kommen morgen wieder. Wir reisen gerne an neue Orte, lernen neue Menschen kennen. Das Kloster ist ein wunderschöner Bau. Es erinnert mich an Esztergom – in meiner ungarischen Heimat –, dort steht eine grosse Basilika. Beim nächsten Mal gehe ich mir die Kirche auch von innen anschauen. Mit den Kindern ist das nicht so einfach, sie werden schnell unruhig.»

Baldvin Kovàcs
Biophysiker und Softwareingenieur, Budapest, Ungarn, Chicago, USA und Adliswil

«Ich bin zum dritten Mal in Einsiedeln, um nach meinen familiären Wurzeln zu suchen. Ich bin die fünfte Generation von Einsiedler und Sattler Immigranten in den Vereinigten Staaten. Speziell interessiert mich die Frauenseite meiner Verwandtschaft, die Herkunft meiner Grossmutter Ida Clementine. Sie war eine gebürtige Zehnder. Ihr Grossvater, Josef Dominik Zehnder, emigrierte 1852 nach Louisville, Kentucky. Für meine Nachforschungen durfte ich im Einsiedler Rathaus in alten Familienbüchern stöbern. Heute treffe ich zum ersten Mal einen Zehnder-Verwandten. Wir haben einen gemeinsamen Ur-Ur-Urgrossvater. Einsiedeln und das Kloster waren in unserer Familie immer ein Begriff. 2005, bei meinem ersten Besuch, feierten wir den 1. August in Einsiedeln. Wir wohnten am Klosterplatz. Am Nachmittag des 2. August stand da plötzlich eine grosse Menschenmenge: Ich traute meinen Augen kaum, als ich mit dem Feldstecher den Dalai Lama durch die vielen, vielen Leute in die Kirche gehen sah – zusammen mit dem Abt. Das war ein besonderes Erlebnis für mich: Ein buddhistischer Würdenträger wird in der Klosterkirche von den benediktinischen Mönchen empfangen.»

Sherri Biscan Schuler Zehnder
Informatikerin, Ridgewood, New Jersey, USA

«Zuhause im Libanon gab es so viel Krieg. Ich erlebte Bombardierungen und Verwüstungen. Es war schlimm … Ich wünsche immer allen den Frieden, das ist doch das Wichtigste für uns Menschen. Seit Anfang der 90er-Jahre lebe ich hier wie in einem Paradies. Leider merken viele nicht, was sie eigentlich alles haben. Ich arbeitete lange als Kellner; schliesslich konnte ich zusammen mit einem Partner den ‹Klostergarten› übernehmen. Pizzas sind meine Spezialität. Ich bin stolz auf meinen Mut und dass ich es geschafft habe, in der Schweiz Wirt zu werden. Man muss mit dem Herzen arbeiten, menschlich und grosszügig sein. Vom ‹Klostergarten› aus schaue ich oft auf den Klosterplatz hinüber und beobachte die Menschen. Wie sie Wasser trinken am Marienbrunnen oder ihre Flaschen füllen – Menschen aus aller Welt. Das Kloster ist ein Haus für Gott und für alle Menschen, ganz gleich, welcher Religion. Ich habe Respekt vor den Mönchen. Ich selber bin Moslem, aber ich respektiere den christlichen Glauben sehr. In meinem Heimatdorf Khiam stand die Moschee gleich neben der christlichen Kirche – das war kein Problem.»

Carlo Abdallah
Pizzaiolo, Khiam, Libanon und Einsiedeln

«Die Stiftsschule Einsiedeln war für mich das Sprungbrett in die Welt hinaus, sie hat mich stark geprägt. In den Jahren 1955 bis 1963 war ich tagtäglich auf dem Klosterplatz. Er hat ein unglaubliches geistiges Potential. Auf dem Platz sind überall Symbole aus dem Mittelalter verborgen, für uns heutige Menschen Unbekanntes, Verschüttetes. Auf dem Marienbrunnen ist eine Art Halbmond angebracht. Warum? Und all die Figuren auf den Emporen? Da muss ich selbstkritisch sagen, dass ich wenig darüber weiss. Nach meiner Pensionierung werde ich mehr Zeit haben, dieser Symbolik nachzugehen. Sollte ich darüber vielleicht ein Büchlein schreiben? Wenn ich den Klosterplatz vergleiche mit dem Platz des Himmlischen Friedens in Peking: Dieser hier hat viel mehr Gehalt, strömt mehr Kraft aus. In Einsiedeln ist der Atem einer mehr als 1000-jährigen europäischen Kultur spürbar. In Peking habe ich dieses Gefühl trotz Kaiserpalast und Mao-Bildnis weniger.»

Harro von Senger
Sinologieprofessor, Neuenburg und Willerzell

«Der Name ist verfänglich. Einsiedeln, so meinte ich, sei am Ende der Welt ein kleines Dorf mit Klosteranlage, wo es Kerzen zu kaufen gäbe. Ich gebe zu, ich war erschlagen, als ich auf den Klosterplatz trat. Der gigantische Komplex ist beeindruckend, fast unglaublich. Hier in Einsiedeln erfahre ich traditionelle Kultur in einer modernen Umgebung – man kommt exakt auf die Minute mit dem Zug an –, eine Kultur, die über Jahrhunderte gewachsen ist. Nächsten Dienstag bin ich in der Wüste westlich von Bagdad bei Beduinen zu Gast. Die Veränderungen im Orient sind radikal, voller Brüche und schnell. Der technologische Fortschritt läuft ungehindert über den Globus – das bewirkt kaum vorstellbare Verwerfungen. Ich lebe seit dreissig Jahren im Nahen Osten. Der Westen tritt dort in einer sehr einseitigen Form auf – und zu oft ist die militärisch. Das Erste, was die Menschen in Afghanistan vom Ausland sehen, sind Soldaten mit 30 Kilogramm schweren Kampfausrüstungen. Leider zeigt der Westen wenig Respekt vor den gewachsenen Traditionen im Orient. Der bestehende Konflikt ist Ausdruck gegenseitigen Unverständnisses. Wenn ich hier in Einsiedeln stehe, kann man sich nicht vorstellen, wie es dazu kommen konnte.»

Ulrich Tilgner
Journalist, Teheran, Iran und Hamburg, Deutschland

«Der Klosterplatz ist für mich ein Kunstwerk, sehr, sehr schön. Sein Stil ist einzigartig. Ich bin das erste Mal hier und nehme am Weltfestival für nicht-professionelle Filme in Einsiedeln teil. Ich wusste nicht, dass es da eine so wunderschöne Kirche hat. Hier würde ich gerne einmal eine Prozession erleben und filmen. Heute Nachmittag führe ich meinen 17-minütigen Film ‹Wohin führt die Kunst?› vor, der Teil der 53. Biennale von Venedig war. Ich mag Kunst über alles und filme seit 1984. Seit dreissig Jahren nehme ich im Februar jeweils am Carnevale di Venezia teil, und jedes Mal kreiere ich in über dreimonatiger Vorarbeit eine ‹Figur›. Ich habe damit schon etliche Preise gewonnen. Einmal war ich die Jugendstilfigur ‹Die Jungfrau› von Gustav Klimt.»

Rossana Molinatti
Kunstinteressierte, Venedig, Italien

«Ich fühle mich als barocker, sinnesfreudiger Mensch. Darum bin ich auch vom Kloster Einsiedeln immer wieder begeistert. Schon als Kind durfte ich meine Grosseltern hierhin begleiten und mein Onkel Gottfried und mein Bruder Karl besuchten die Stiftsschule. Den Klosterplatz empfinde ich als atemberaubend und monumental, er strahlt Weitläufigkeit aus, und er ist wie ein Trichter, der seit Jahrhunderten Menschen aus aller Welt hinauf in die Kirche führt. Mich faszinieren die Benediktiner als Ordensgemeinschaft: Der immer gleiche Rhythmus ihres Alltags – ora et labora – ist bewundernswert. Ihr Leitbild, die Benediktsregel, ist klar und überdauert die Zeit. Alles was kompliziert ist und geschwollen, stürzt ab – ins Nirgendwo. Die Benediktsregel kann auch für die heutige Geschäftswelt 1:1 übernommen werden. Das will doch was heissen! Ich liebe auch die Gregorianik, den monotonen, meditativen Gesang der Mönche; in deren Weite kann ich mich immer wieder verlieren.»

Gottfried Weber
Direktionspräsident, Arth und Zürich

«Mit 26 bin ich ausgewandert und lebe seither in Chicago und in der hektischen, weltumspannenden Finanzwelt. Aber meine Wurzeln sind hier in Einsiedeln. Je länger ich weg bin, umso mehr schätze ich das Dorf, die Menschen, die Feste und Bräuche – vor allem die Fasnacht –, das Kloster und seinen Platz. Ich glaube, was man jeden Tag sieht, nimmt man kaum mehr wahr. Es gehört einfach zum Alltag. Aber wenn man fort ist, bekommt Heimat eine ganz andere Bedeutung. Ich bin beruflich rund um die Welt auf Reisen, sehe überall imposante Bauwerke. Aber welch fantastisches Monument ist dieses Benediktinerkloster! Das Kloster ist überhöht. Den Platz mit den Bögen erlebe ich wie Arme, die für mich ausgebreitet sind. ‹Welcome home› sagt mir der Klosterplatz jedes Mal. Der Besuch in der Stiftskirche, wie heute Morgen, ist für mich ein Time-out, nicht nur ein religiöses. Dann komme ich heim und finde alles beim Alten. Der Alltag ändert sich wenig. Wunderbar. Das gibt mir immer wieder das Gefühl von Ruhe und Zufriedenheit.»

Albert Lacher
Banker, Chicago USA

«Ich träumte vom Fliegen, da konnte ich noch nicht mal gehen! Ab 11. Juli 2012 werde ich versuchen, mit meinem Kleinmotorflugzeug in 80 Tagen allein rund um die Welt zu fliegen. Durch 24 Länder. Ich tue dies als jüngster Pilot der Geschichte. Heute Morgen haben wir mit zweihundert Einsiedler Kindern den Song ‹Zäme um d'Wält› von Fraui gesungen. Diesen Auftakt zur Medienkampagne für mein Projekt ‹RTW2012 – round the world for children› verdanke ich Pater Aaron, der den emotionalen Event zusammen mit den Lehrpersonen realisiert hat. Mein Weltrekordversuch ist nämlich verbunden mit einer Spendensammelaktion für Unicef Schweiz. Die Einsiedler Kids haben in Kürze über 5000 Franken zugunsten eines Kinderbildungsprojekts in Indien gesammelt. Fantastisch! Ich war schon als Kind in der Klosterkirche bei der Schwarzen Madonna, zusammen mit meiner Mutter, die vor zwei Jahren an Krebs gestorben ist. Der Klosterplatz und das Kloster sind eindrücklich. Der Ort schenkt wirklich Kraft – ich war mir dessen gar nicht mehr so bewusst. Viele Menschen schöpfen hier Mut, ich auch, denn mein Lebenstraum ist ambitiös. Ich hoffe, dass alles gut geht, und ich habe mir zum Ziel gesetzt, auch wenn ich scheitere: Aufgeben werde ich nicht!»

Carlo Schmid
Privatpilot und Weltumrunder, Bad Zurzach

«Ich kenne die Schweiz nicht – hörte noch nie von Einsiedeln. Was für ein Geschenk, dass ich hier bin! Alle sollten zu solchen Plätzen wie dem Klosterplatz finden. Die Jahrhunderte alte Tradition und Kraft sind für mich spürbar und überwältigend. Und machen mich, ehrlich gesagt, auch etwas besinnlich. Ich spüre den Wunsch, ein paar Augenblicke über mich und mein Leben nachzudenken. In meinem Beruf als Kulturmanagerin versuche ich immer wieder Menschen für Kultur, Kunst und ihr Erbe zu begeistern. Umso überraschender war es, dass dieser kleine Ort Einsiedeln, so abgelegen und versteckt, ein so prächtiges Kulturgut beherbergt, das in so gutem Zustand ist. Alles ist gepflegt und schön erhalten. Auf dem Weg hinauf in die klösterliche Bibliothek ging ich durch die Gänge der frisch renovierten Schule. So viel Sorgfalt überall! Die Bibliothek mit den Werken aus Jahrhunderten liess mich fast den Atem anhalten. Dass ich überhaupt nach Einsiedeln kam, verdanke ich meiner Tätigkeit beim European Museum Forum – mein norwegischer Kollege und ich jurieren Schweizer Museen für den Europäischen Museumspreis 2012. Deshalb der kurze Abstecher nach Einsiedeln, bevor es morgen nach Frauenfeld geht.»

Sophie Serraris
Museums- und Kulturmanagerin, Antwerpen, Belgien

«Spontan spüre ich Stille und Erhabenheit – der Klosterplatz stoppt augenblicklich die innere Hektik. Beim Marienbrunnen ist mein Lieblingsplatz – das Plätschern des Wassers bringt einen ruhig-fröhlichen Aspekt ins Schauen. Die Faszination des Platzes ist noch gleich gross wie damals, als ich als Kind auf dem Rücksitz von Vaters VW-Käfer zum ersten Mal auf den Klosterplatz fuhr und zutiefst gefesselt und vor Ehrfurcht ergriffen war. Der imposante Platz ist offen und einladend. Er hat einen Platz in meinem Herzen, auch bei meiner libanesischen Mutter und ihrer Verwandtschaft. Ich habe viel Glück in meinem Leben, das ist nicht selbstverständlich. Unzählige haben mir ermöglicht, weltweit als Lichtkünstler tätig zu sein – dafür bin ich sehr dankbar. Meine Lichtkunst an der Klosterfassade ist ein Geschenk für die kommende Adventszeit an die Klostergemeinschaft und an die Bevölkerung. Die Beleuchtung und meine Sujets habe ich hier besonders sensibel und sorgfältig gewählt. Sie sollen uns alle für einen kurzen Moment innehalten lassen.»

Gerry Hofstetter
Lichtkünstler und Eventdesigner, Zumikon

«Ich fühle mich ebenso empfangen wie auf eine wunderbare Art beeindruckt vom Platz. Er ist erhaben, überhaupt nicht abweisend, hat eine Geste, die versammelt. Diese Erfahrung von Teilnehmen, von Gemeinsamkeit, die empfinde ich nicht als individuelle Versenkung, sondern als etwas, das man teilt. Ich erlebte das in einer direkten, physischen Art schon als kleiner Junge, der auf einer Schweizer Reise mit den Eltern hier Halt machte. Ich wurde als Architekt empfohlen, teilzuhaben an diesem Entwurf des neuen Musikhauses der Stiftsschule, wurde zu einem ersten Gespräch mit dem Abt eingeladen. Das war eine spezielle Erfahrung – glücklicherweise begleitete mich Prof. Werner Oechslin, der als Einsiedler und Architekturhistoriker das Kloster in allen Einzelheiten kennt. Ich bin immer wieder beeindruckt von der selbstverständlichen Generosität und wunderbaren Bescheidenheit der Patres – an diesem Geist orientieren wir uns auch in unserer Arbeit hier in Einsiedeln. Ich meine damit, diese benediktinische Haltung soll sich im architektonischen Entwurf spiegeln.»

Roger Diener
Architekt, Basel

«Letzte Woche nahm ich als Biologin in Chandolin im Wallis an einer internationalen Konferenz für Alpine Biodiversität teil. Ich lebe mit meinem Mann schon viele Jahre in Chile und arbeite als Direktorin am Institute of Ecology and Biodiversity der Uni von Santiago. Bevor ich weiter nach Spanien in die Ferien weiterreisen werde, stieg ich heute früh am Flughafen Zürich in den Zug nach Einsiedeln – ins Dorf, aus dem mein Grossvater 1919 nach Neuseeland auswanderte. Im Internet fand ich heraus, dass ein ‹Kälin› Ende des 18. Jahrhunderts die Schwarze Madonna vor den Franzosen rettete. Mutig! Ich bin hier auf den Spuren meiner Vorfahren und wollte wenigstens das Kloster und die Teufelsbrücke sehen. Von beiden Monumenten hatte ich schon als Kind gehört. Die Mischung aus Alt und Neu hier im Klosterdorf ist speziell und der Klosterplatz – beeindruckend. Ich fühlte mich hier sofort wohl und heimisch, obwohl ich kein Wort Deutsch spreche. Die Liebe zu den Bergen kommt sicher von meinem Grossvater.»

Mary Therese Kalin de Arroyo
Universitätsprofessorin, Santiago de Chile und Neuseeland

«Wenn ich auf den Klosterplatz komme, öffnet sich mein Herz. Zuhause bete ich natürlich auch. Aber hier in Einsiedeln ruft mich Gott – als würde ich von ihm in sein Haus eingeladen. Ich fühle mich hier sehr behütet und befreit von Problemen. Ich trinke immer das Wasser aus dem Marienbrunnen. Das erlebe ich als Erleichterung und spüre Licht in meinem Herzen. Seit siebzehn Jahren pilgere ich nach Einsiedeln. Und jedes Mal, wenn ich zurückkomme, hat sich in der Zwischenzeit mindestens ein Wunsch erfüllt. An Pfingsten ist meine persönliche Wallfahrt, trotz der über 10000 portugiesischen Landsleute, die auch mit mir pilgern. Ich bin sehr religiös, und die Pilgerfahrt ins Kloster ist sehr wichtig. Zuhause in Zürich habe ich die Madonna von Lourdes aufgestellt, mit Kerzen drumherum. Einsiedeln ist für mich Fatima in der Fremde und tut gut. Besonders wenn mich, wie oft, das Heimweh nach meiner Familie daheim plagt. Heuer mache ich eine grosse Bitte bei der Schwarzen Madonna und zünde drei Kerzen an. Eine Operation steht an. Ich hoffe, dass alles gut geht.»

Rosa Teixeira
Kinderbetreuerin, Goa, Indien, Sintra, Portugal und Zürich

«Einsiedeln ist wie eine Oase – eine Idylle im Positiven. Zum Klosterplatz kommen mir spontan Begriffe wie Theater, mächtig, Kultur, Religion in den Sinn. Es ist ein Platz mit Ausstrahlung. Einen Bezug zu diesem Ort habe ich keinen, aber einen persönlichen Draht zum Chef des Klosters. Er ist ein Walliser wie ich. Wir lernten uns auf einem Flug von Tel Aviv nach Zürich kennen. Ich bin der Sohn eines Schweizer Gardisten und einer protestantischen Mutter, zurzeit Journalist im Nahen Osten. Hierzulande wird Religion weitestgehend friedlich interpretiert. Das ist der Unterschied zum Nahen Osten, wo Religion mit politischen Absichten gleichgesetzt wird. Hier kann man in Ruhe die Beziehung zu Gott und zur Kirche pflegen. In Israel wird man über das definiert, was man ist – Christ, Moslem, Jude. Und man ist damit für alles verantwortlich, was die Religionsgemeinschaft tut oder nicht tut. Wenn ich nach Bethlehem rein will, fährt man notgedrungen durch die 7,5 Meter dicke Sicherheitsmauer, – passiert Checkpoints. Die heiligen drei Könige aus dem Morgenland hätten heute ein Problem: Sie würden am Checkpoint festgehalten!»

**André Marty
Journalist, Tel Aviv, Israel**

«Es ist für mich wie ein Nach-Hause-kommen, wenn ich auf den Klosterplatz trete. Ich bekomme jedes Mal Gänsehaut auf meinem Herzen. Einsiedeln war für mich nicht nur ein Ort der Weltoffenheit, sondern der Geborgenheit. Das Internat der Stiftsschule war der erste Platz in meiner Jugend, der mir den Schutz und die Sicherheit boten, die ein Jugendlicher, Heranwachsender braucht. Obwohl ich 1987 als undisziplinierter Bengel und unfreiwillig in die Klosterschule kam. Ich wehrte mich mit Händen und Füssen. Pater Kassian wurde *die* Vaterfigur in meinem Leben; meinen Vater verlor ich, als ich zehn war. Kassian war eine Autorität, aber er hat mich immer ernstgenommen. Er verstand mich, obwohl ich auch schon mal eine Ohrfeige bekam. Plötzlich erhielt mein Leben einen Sinn – ich kam zu mir, und alles hat sich geformt, gefügt, auch die Disziplin. Gebremst wurde ich nicht, aber ich erlebte eine Struktur, in der ich mich entfalten durfte. Meine Talente wurden respektiert, und beim Theaterspielen erwachte meine Leidenschaft für die Schauspielerei. Die Zeit bis zur Matura, 1992, gehört zu meinen besten. Hier bekam ich die Rundumpalette, die ein Mensch braucht, um ein rechtschaffener zu werden. Ich fühle mich als Weltbürger, aber Einsiedeln wird für mich immer Heimat bedeuten.»

Anatole Taubmann
Schauspieler, Berlin, Deutschland

«Schön ist der Platz, wunderschön. In der Stiftskirche habe ich vor ein paar Jahren Theater gespielt. Ja, ich hielt die über anderthalbstündige Antrittsrede der ‹Amerikanischen Päpstin› im Rahmen der Clinch-Wallfahrt. An zehn Abenden probten wir zuvor in der Klosterkirche, meist bis Mitternacht, zusammen mit Robert Freitag. Die Akustik war schwierig, aber schliesslich gelang alles optimal. Es war ein unerhörter Eindruck! Als der Dalai Lama Einsiedeln besuchte, vor fünf Jahren, war ich ebenfalls hier. Ich bin eine grosse Verehrerin, und er gab mir sogar die Hand. Ich bin Lutheranerin und empfinde es als Ehre, den Einsiedler Abt persönlich zu kennen. Er ist ein kluger Mann. Den verstorbenen Pater Kassian traf ich dank Thomas Hürlimann und unterhielt mich mit ihm natürlich über das Theater. Ich erlebte ihn als ‹Welt› im Einsiedler Welttheater hier auf dem imposanten Platz. Theaterspielen braucht für mich übrigens jedes Mal eine grosse Überwindung, und Lampenfieber habe ich noch genauso wie als junge Schauspielerin.»

Maria Becker
Schauspielerin, Zürich

«Wir sind als Touristen in der Schweiz. Freunde aus Zürich rieten uns, wegen der imposanten Kirche hierher zu kommen. Der Ort ist wirklich sehr schön und spirituell. Meine Frau und ich stammen beide ursprünglich aus Kerala im Südwesten Indiens. Wir leben aber seit langem schon in den USA. Als Hindus sind wir offen für jede andere Religion. Ich trank aus jeder der Wasserröhren am Brunnen, weil ich sah, wie es andere Pilger tun. Vielleicht hilft das Wasser für mein spirituelles Leben. Mich fasziniert als Ingenieur und Maler am Kloster vor allem die Architektur; die Skulpturen auf dem Platz und in der Kirche sind eindrücklich. Ich bedaure nur, dass ich in der Kirche nicht fotografieren durfte. Ich hätte gerne einige Schnappschüsse als Inspiration für meine Bilder mit nach Hause genommen.»

Kesavan und Radhika Potti
Ingenieur und Maler, Blaine, Minnesota, USA und Kerala, Indien

«Ich bin auf der Insel Sumba im Indischen Ozean aufgewachsen. Seit zehn Monaten studiere ich in der Schweiz. Ich bin katholisch, und es ist für mich unglaublich, hier in Einsiedeln zu sein. Die Kirche ist so hell, der Platz eindrücklich und die Schwarze Madonna wunderschön. Diese Kirche ist kein Museum, kein Tourismusobjekt, sondern ein Ort zum Beten. Wenn ich mit religiösen Menschen zusammen bin, bin ich religiös. Im Nightclub spielt das weniger eine Rolle. In Europa spüre ich eine Kluft zwischen den Geistlichen und dem Volk und mir fällt auf, dass viele in die Kirche gehen, wenn sie etwas brauchen, Probleme haben. Bei uns daheim trifft man sich nach der Messe, diskutiert, tauscht aus. Religion ist in der Tradition des Alltags verwurzelt. Meine Mutter war Krankenpflegerin, sie hilft nun, nach ihrer Pensionierung, bei der Arbeit auf dem eigenen Reisfeld mit. Sie ist mir auch in religiöser Hinsicht ein starkes Vorbild. Wir haben drei Bekenntnisse nebeneinander – Protestantismus, Katholizismus und die Marapu-Religion, die ist ebenfalls monotheistisch. Der Ahnenkult hat eine sehr grosse Bedeutung für uns alle.»

Johanes Djang
Graphic-Design-Student, Waikabubak, Indonesien und Bern

«Das erste Mal kam ich im Januar 2009 zum Marienbrunnen. Es war kalt und hatte Schnee. Aber ich war dennoch sehr beeindruckt. Und seither komme ich immer wieder, bei jedem Besuch in der Schweiz, nun schon zum vierten Mal. Dann trinke ich Wasser von allen vierzehn Röhren. Es ist für mich wie ein symbolischer Akt – ein Versprechen auch. Mein Freund Christian lebt in Cham, und ich weiss, wenn ich vom Einsiedler Wasser trinke, kehre ich zu ihm zurück. Diese Sicherheit ist wichtig für mich. Wenn ich nicht in der Schweiz bin, lebe ich mit meiner Mutter in Fortaleza. Früher hätte ich mir nie vorstellen können, in der Schweiz zu leben. Seit ich Christian kenne, sieht das anders aus. Der Klosterplatz gefällt mir sehr gut – wir knipsen jedes Mal eine Menge Erinnerungsfotos. Diesmal so viele, dass sogar die Batterien des Fotoapparats überfordert waren. Einen so schönen, imposanten Platz habe ich vorher noch nie gesehen.»

Jacqueline M. Tomaz
Fortaleza, Brasilien

«Mein erster Eindruck vom Klosterplatz – seine epischen Proportionen! Es fühlte sich an, als ob ich nach Rom oder ins Mittelalter versetzt wäre. Ich war von Abt Martin eingeladen, was sehr gut in meine geplanten Besuche der 26 Kantone passte. Als US-Botschafter in der Schweiz habe ich die verantwortungsvolle Aufgabe, so viel wie möglich über das Land, seine Menschen, seine Geschichte und Kultur zu lernen. Je mehr ich weiss, desto effektiver kann ich auf der Freundschaft zwischen unseren beiden Ländern aufbauen und sie erneuern. Der Besuch in Einsiedeln und vor allem die Zeit mit Abt Martin haben mich sehr inspiriert. Das Gebäude und die Aussenanlagen sind von Geschichte und Bedeutung durchdrungen, aber am meisten beeindruckten mich die Leichtigkeit, die Demut, die innere Ruhe und Hingabe des Abtes. Er ist weise und füllte mich mit einem Gefühl der Güte Gottes. Er zeigte mir die Gravur seines Ringes, die aus dem ersten und dem letzten Wort der Benediktsregel besteht: ‹Höre und du wirst ankommen.› Eine Lebensweisheit, die besonders für einen Diplomaten sehr wertvoll sein kann. Ja, ich kann mir vorstellen, in den kommenden Jahren noch oft ins Kloster zurückzukehren.»

Donald S. Beyer jr.
US-Botschafter in der Schweiz und in Liechtenstein, Bern und Alexandria, Virginia, USA

«Ich wohne seit sechzig Jahren in Einsiedeln – bin täglich auf dem Klosterplatz. Er hat eine enorme Bedeutung für mich. Ich erlebe ihn als Übergang zwischen Hektik, Alltag im Dorf und dem Besinnlichen, Spirituellen und Ruhigen, zwischen meinem Leben mit der Familie und dem Raum in der Kirche. Er hat für mich sehr viele Stimmungen, nicht Hunderte, sondern Tausende – je nach Lebenssituation und Tageslicht. Er hat einen sehr tiefen Sinn. Er ist doch auch das Zentrum der Schweiz – das vertrete ich bei meinen Bekannten aus aller Welt. Auf den Platz komme ich von unten her, schau ihn mir von oben an. Ich schaue auf ein ganzes Leben zurück: sehe meine Kinder bei der Ersten Kommunion, bei der Firmung, bei der Hochzeit auf dem Platz. Hier erlebte ich festliche und sehr traurige Momente. Etwa als mein Kind schwer krank und die Kirche mein einziger Trost war. Ist der Ort nicht auch ein Übergang von Sein und Nicht-Sein?»

Susanne Birchler-Staub
Einsiedeln

«Hier ist ein kleines, friedliches Paradies! Für die Familien mit ihren Kindern wurde sogar ein Spielplatz in Klosternähe eingerichtet. Meine Schwester und ich kommen aus einer sehr religiösen hinduistischen Familie. Ich spüre im Kloster Einsiedeln die gleiche, starke Energie wie in unseren Tempeln daheim. Ich wurde in einer katholischen Mädchenklosterschule erzogen und bin mit Jesus und mit der Muttergottes vertraut. Deshalb fühlt sich der Besuch in Einsiedeln wie Heimkommen an. Wir leben im Moment in Mailand, ich studiere Fashion Design. In meiner schöpferischen Arbeit brauche ich viel innere Kraft, und bei der Schwarzen Madonna, die mir viel bedeutet, bete ich darum. Bevor wir im Herbst nach Hongkong zügeln, besuchen wir die Einsiedler Muttergottes sicher noch einmal. Um Kraft zu erbitten und dass meine Wünsche in Erfüllung gehen.»

Palian Tamilarasi
Fashion Designer, Penang, Malaysia und Mailand, Italien

«Heute besuchte ich in Einsiedeln meinen chinesischen Arzt, um mein Teerezept abzuholen. So musste ich am Klosterplatz vorbei. Der Platz erinnert mich an meine Kinderzeit. Ich war einer jener katholischen Buben, die mit ihren Eltern zu Fuss von Zug nach Einsiedeln pilgern mussten. Die grösste Freude waren am Schluss dieser doch sehr anstrengenden Wallfahrten die ‹Häliböcke›, mit denen wir unsere Mägen füllten. Auch Thomas Hürlimann verbinde ich mit Einsiedeln und mit dem Klosterplatz. Ich spielte 1996 auf der Pfauenbühne des Schauspielhauses Zürich im Stück ‹Dr Franzos im Ybrig› den Pfarrer. Ich bin ein gläubiger Mensch – wir wissen ja nicht, was auf uns zukommt. So tasten wir ein bisschen im Dunkeln. Ich würde mich auch als neugierigen Menschen bezeichnen, der mit einer gewissen Gelassenheit und einem gewissen Glauben die Dies- und Jenseitsfragen unter einen Hut zu bringen versucht. Wohnen möchte ich nicht in Einsiedeln. Es wäre mir etwas zu eng.»

Osy Zimmermann
Kabarettist, Sänger, Geschichtenerzähler und Mediator, Zug

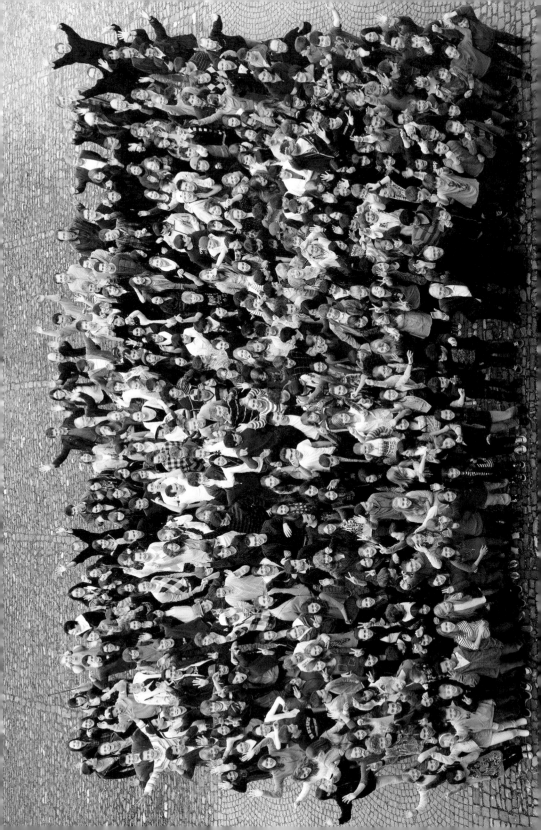

«Ich verbinde den Klosterplatz mit geistiger Erholung. Auf dem ausladenden Platz kann ich die Schule von aussen anschauen – Aussenansicht ist wichtig. Die Welt ist hier bei uns – nicht die grosse Welt –, aber die Welt jeder Schülerin, jedes Schülers. Das Denken macht die Welt aus, und wir haben tausend Jahre Geschichte im Hintergrund. Welt ist für mich auch, was die Schülerinnen und Schüler mitbringen, was wir zusammen erarbeiten und diskutieren. Mit Bildung könnten wir ein friedlicheres und besseres Leben auf dieser Welt haben. Das ist das Idealbild meines Bildungsbegriffs: Eine friedliche Welt, in der man versucht, einander zu verstehen, Unterschiede aufzunehmen und zu begreifen. Was macht die Welt aus? Das Kloster ist ein Zentrum – ein geistiges, aber man spürt, es lebt und funktioniert. Es ist auch ein Schmelztiegel der Gesellschaft. Wie jedes Rädchen ins andere greift, ist ein Stück weit Geheimnis. Ich bin stolz, hier Rektor sein zu dürfen – die Stiftsschule ist nichts Abgeschottetes – alle Tore sind offen, Begegnung ist möglich. Es ist ein Geben und Nehmen. Hier sind Mauern nicht Grenzen, sondern Öffnung nach innen.»

Peter Lüthi
Rektor der Stiftsschule Einsiedeln

«Über den Klosterplatz könnten wir Raben Geschichtsbücher füllen! Meine Vorfahren haben 861 – der Legende nach – die beiden Mörder des heiligen Meinrad bis nach Zürich hinunter verfolgt. So konnten diese identifiziert und vor Gericht gestellt werden. Der heilige Meinrad soll 835 an der Stelle, wo heute die Gnadenkapelle in der Klosterkirche steht, seine Kapelle und seine Klause errichtet haben, um in seiner Einsiedelei im Finstern Wald Gott zu suchen. Besonders stolz sind wir auch, dass zwei Raben im Wappen von Einsiedeln und vom Kloster abgebildet sind.»

Dr Chräh

**Der Einsiedler Klosterplatz –
Ort der Begegnung und «Theatrum»**

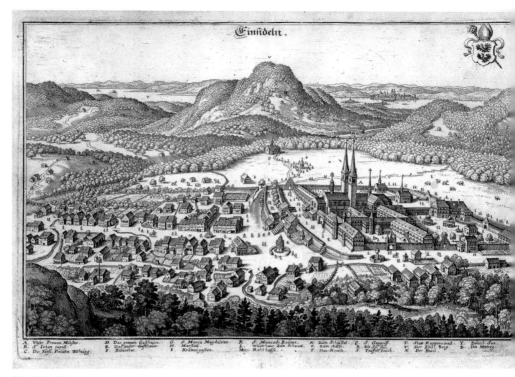

Matthäus Merian,
Ansicht von Einsiedeln
aus der Topographia
Helvetiae, 1642
(Staatsarchiv Schwyz)

[1] **Zitat aus: Werner Oechslin, Anja Buschow Oechslin. Einsiedeln II – Dorf und Viertel. Die Kunstdenkmäler des Kantons Schwyz. Gesellschaft für Schweizerische Kunstgeschichte GSK, Bern 2003, S. 130.**

[2] **Werner Oechslin, Anja Buschow Oechslin. Einsiedeln I – Das Benediktinerkloster Einsiedeln. Die Kunstdenkmäler des Kantons Schwyz. Gesellschaft für Schweizerische Kunstgeschichte GSK, Bern 2003, S. 489.**

Das Kloster Einsiedeln – seit dem 10. Jahrhundert ein geistliches und spirituelles Zentrum – ist ein Kulturgut von nationaler, ja internationaler Bedeutung und Ausstrahlung. Ein Gesamtkunstwerk des Barocks wurde es allerdings erst durch den Bau der heute noch bestehenden, symmetrischen Platzanlage vor der 136 Meter breiten Klosterfassade. In den Jahren 1743 bis 1747 entstand der imposante Klosterplatz, auf der sich gestern wie heute «die Welt» trifft.

Eine einheitliche Platzanlage, die das im 10. Jahrhundert gegründete, auf einem Hügel gelegene Kloster Einsiedeln mit dem darunter entstandenen Dorf harmonisch verbunden hätte, gab es im Mittelalter nicht. Um das Übergreifen von Dorfbränden zu verhindern, wurde im 14. Jahrhundert der Bereich unmittelbar vor dem Kloster mit einem Bebauungsverbot belegt. Ein (räumlicher) Abstand zwischen Dorf und Kloster wird 1419 in einer Verfügung erwähnt: «(…) dass niemand oberhalb des Brückleins beim Ochsen Gewalt habe zu bauen (…)».[1]

Auf einem Stich von Matthäus Merian – gut zweihundert Jahre später – ist vor der Klosterkirche eine Mauer sowie eine Kramgasse mit zwei Ladenzeilen zu sehen. Der Vorplatz war eine dem hügeligen Gelände angepasste Anlage. Der Besuch der Wallfahrtsstätte war schon mit dem Kauf von Devotionalien verbunden, die in zahlreichen Kramläden angeboten wurden. Dazu gesellten sich Brot- und Branntweinläden; die Kupferbild- und Wachskrämer verfügten ebenfalls über Stände. Übrigens befand sich der Haupteingang in den Klosterbezirk und zur Kirche noch auf der Nordseite der Anlage.[2]

Die Dorfleute von Einsiedeln erhoben über Jahrhunderte hinweg – vor allem aus wirtschaftlichen Gründen – Anspruch auf einen Teil des Platzes. Aufruhr und Ärger waren die Folgen. Von Klosterseite her wurde immer wieder gewünscht, einen gewissen Abstand

[3] **Hanna Böck. Einsiedeln. Das Kloster und seine Geschichte. Artemis Verlag Zürich und München 1989, S. 165.**

[4] **Frater Thomas Fässler, Feuer im beinahe ausgestorbenen Kloster, in SALVE 1/2 (2009), S. 6 f.**

zu den Krämern zu halten. In Schwyz fürchtete man überdies, das Kloster könnte seine Hoheitsrechte ausdehnen wollen – es kam wiederholt zu langwierigen Auseinandersetzungen.[3]

Nach den schweren Bränden von 1029, 1226, 1465 und 1509 wütete am 24. April 1577 der bisher schlimmste Grossbrand, der innerhalb weniger Stunden Kirche und Kloster schwer beschädigte. Zum Schutz vor solchen Katastrophen verfügte Abt Augustin II. Reding von Biberegg bereits um 1681, dass die obersten Häuser des Dorfes nicht wiederaufgebaut werden durften. Der so entstandene Platz sollte vermeiden, dass das Feuer vom Dorf auf das Kloster (und umgekehrt) übergreifen konnte; als weitere Brandschutzmassnahme wurde zudem angeordnet, dass die dem Platz zugewandten Häuserwände aus Stein sein mussten.[4]

Der aus Bologna stammende Graf Luigi Ferdinando Marsigli entwarf ab 1705 in seinen Briefen an den Abt und die Klostergemeinschaft die Idee, vor dem Kloster eine weitläufige symmetrische Platzanlage mit einer breiten, auf die Kirche ausgerichteten Freitreppe zu gestalten. Vorbild für einen pompösen Klosterplatz waren Marsigli die eindrücklichen Plätze, die damals zu den italienischen Stadtbildern gehörten – insbesondere der Petersplatz in Rom.

Langes Hin und Her
Der Planer und Erbauer der barocken Klosteranlage (Grundsteinlegung für Neubau am 31. März 1704; Einweihung Stiftskirche 1735; Fertigstellung Klostergeviert 1758), der Einsiedler Konventuale Bruder Caspar Moosbrugger, sah das ganz anders. Ihm schwebte, die mittelalterliche Situation aufgreifend, eine Terrasse vor. Moosbrugger, geboren 1656, starb allerdings bereits 1723. Vielleicht war sein früher Tod mit ein Grund, weshalb man seine Terrassenversion nicht weiterverfolgte. Jahrzehntelang verzögerten Bedenken und Zau-

(5) Diarium von Statthalter P. Michael Schlageter für das Jahr 1745, Bd. 4 (KAE, A.HB.18).

(6) Heinz Jürgen Sauermost, Die Stifts- und Wallfahrtskirche von Einsiedeln als architektonische Schöpfung der Brüder Kosmas Damian und Edig Quirin. Zeitschrift für bayerische Landesgeschichte 35, 1972

(7) www.welttheater.ch.

dern sowie steter Ärger mit der Einsiedler Bevölkerung die Gestaltung des Platzes vor dem Kloster. Italienische Entwürfe, wie er es in Genua gesehen hatte, waren Fürstabt Nikolaus II. Imfeld (Abt von 1734 bis 1773) schliesslich Vorbild für den Klosterplatz.

Ab 1745 wurde der Platz mit kleinen «Besetze-Steinen» bepflastert. Die Pläne stammten vom Mailänder Federico Bianchi, überarbeitet vom im Kloster ansässigen Stiftsbaumeister, dem Vorarlberger Johannes Rueff.[5] Letztendlich entstand vor der Klosterfassade in Einsiedeln «ein einzigartiges architektonisches Monument barocker, dynamischer Gestaltung, das den Vergleich mit Platzanlagen in ganz Europa aushalte».[6]

«Theatrum»

Interessant ist, dass Federico Bianchi seinen Plänen für die Platzgestaltung die Erklärung beifügte, der Platz sei ein «Theatrum». Tatsächlich steigt man vor der grossartigen «Kulisse» der Kloster- und Kirchenfassade über die breiten Treppen wie auf eine Bühne hinauf. Ist es darum verwunderlich, dass auf dem Klosterplatz immer wieder Freilichttheater gespielt wurden und werden? Neben den grossen Prozessionen und kirchlichen Festlichkeiten, wie den grossen Engelweihfeiern, fanden auch geistliche Spiele statt; im Zeitalter der Aufklärung wurden diese 1773 allerdings verboten.

Das «Grosse Welttheater», ein allegorisch-religiöses Schauspiel, das Pedro Calderón de la Barca 1645 als Fronleichnamsspiel geschrieben hatte, kam am 5. August 1924 zum ersten Mal auf dem Einsiedler Klosterplatz zur Aufführung. Diese Theatertradition geht seither ungefähr alle sieben Jahre über die Klosterplatz-Bühne.[7]

Wallfahrt

Die Wallfahrt ins Kloster Einsiedeln hat eine lange Tradition und ist 1337 erstmals gesichert vermerkt.

Martin Josef Curiger,
Klosterplatz mit Treppen-
aufgang, ca. 1738–1743
(KAE, ZPlan 2.0560.0001)

1353 wird zudem in Einsiedeln ein Pilgerspital gestiftet. Der Klosterplatz – mit seiner breiten Treppe, den Arkaden mit den Kramläden, dem 1754 in die Mitte des Platzes versetzten Liebfrauenbrunnen mit der vergoldeten Marienstatue sowie den Standbildern der beiden Kaiser und Klostergönner Otto I. des Grossen und Heinrich II. – bildet eine Einheit und gilt als Sammelpunkt der Wallfahrenden zur Einsiedler Madonna und zur Gnadenkapelle.

Die sogenannte «Engelweihlegende» der Gnadenkapelle ist erstmals Mitte des 12. Jahrhunderts belegt. Die Legende besagt, dass die Kapelle – auf dem Fundament von Meinrads Klause stehend – am Vorabend des 14. September 948 durch Christus selbst und im Beisein von Engeln geweiht wurde. Bereits Ende des 13. Jahrhunderts wird erstmals eine Marienkapelle erwähnt, und in der ersten Hälfte des 14. Jahrhunderts werden Wallfahrten zum Gnadenbild der Muttergottes nachweisbar. Als die Franzosen im Mai 1798 Einsiedeln erreichten, flohen die Mönche des Klosters; der Walliser Pater Martin du Fay de la Vallaz versuchte, die Truppen zu beschwichtigen. Das Gnadenbild konnte durch die Mönche gerettet werden, die Gnadenkapelle wurde jedoch von den Besatzern abgetragen. Damit kam die Wallfahrt zur Muttergottes zum Erliegen.

Mit dem langsamen Wiederaufleben des klösterlichen Alltags nach der Rückkehr der Mönche im Jahre 1803 blühte auch die Wallfahrt wieder auf, und mit dem Aufkommen moderner Verkehrsmittel (Postkutsche, Schifffahrt, Eisenbahn) setzte Mitte des 19. Jahrhunderts ein Wandel in der Form des Pilgerns ein. Mit dem Anschluss Einsiedelns an das Bahnnetz gingen die Fusswallfahrten zurück; es kamen die «Massen-Pilgerzüge».

Nach dem Zweiten Weltkrieg erlebte Einsiedeln eine weitere Umgestaltung der Wallfahrt, als moderne Reisecars bis mitten in den Ort rollten. Und heute vollzieht sich nochmals ein Wandel: die «Gross-Wallfahrten»

[8] **Webseite Kloster Einsiedeln, www.kloster-einsiedeln.ch; www.wallfahrt-einsiedeln.ch, 2011.**

[9] **Abt Martin Werlen, Webseite Kloster Einsiedeln, www.kloster-einsiedeln.ch, 2011.**

[10] **Bruder Gerold Zenoni. Treffpunkt Kloster Einsiedeln. [Gamma Druck, Altdorf, 2009]**

lösen sich mehr und mehr in Klein- und Kleinstgruppen auf.[8]

Die Welt kommt nach Einsiedeln
Im Verlaufe der Jahrhunderte kamen viele berühmte Leute nach Einsiedeln. So traf 1775 Goethe hier ein und schrieb «über die rauhen Wege, die nach Einsiedeln führten». Dazu auch: «Es musste ernste Betrachtung erregen, dass ein einzelner Funke von Sittlichkeit und Gottesfurcht hier ein immer brennendes leuchtendes Flämmchen angezündet, zu welchem gläubige Scharen mit grosser Beschwerlichkeit heran pilgern sollten, um an dieser heiligen Flamme auch ihr Kerzlein anzuzünden. Wie dem auch sei, so deutet es auf ein grenzenloses Bedürfnis der Menschheit nach gleichem Licht, gleicher Wärme, wie es jener erste im tiefsten Gefühl und sicherster Überzeugung gehegt und genossen.»[9]

Laut klösterlicher Geschichtsschreibung soll sogar der grösste Frauenheld der Weltliteratur, Giacomo Casanova, seinen Weg nach Einsiedeln gefunden haben; er hatte scheinbar allen Ernstes die Absicht, als Mönch ins Kloster einzutreten!

Der Märchenerzähler Hans Christian Andersen schenkte dem Kloster eine Bibel in dänischer Sprache, und Karl May hat Erzählungen für den Einsiedler Marienkalender geschrieben. Frido Mann, der Lieblingsenkel Thomas Manns, wurde hier gefirmt, und die englische Premierministerin Margaret Thatcher brachte einen Hauch von Weltpolitik ins Kloster.[10]

Der Einsiedler Klosterplatz wird jährlich von Hunderttausenden besucht, seine Ausstrahlung ist nach wie vor gross und ungebrochen. Nicht alle pilgern und wallfahren – ganz unterschiedlich sind die Beweggründe für einen Besuch des Klosterplatzes.

Susann Bosshard-Kälin

Ein herzlicher Dank geht an alle unsere Sponsoren, Gönner und Partner, welche die Realisierung unseres Projektes ermöglicht haben.

Silvia und Thomas Braun-Setz

Herausgeberin
Verlag GeschichtenGesichter, Egg (SZ)
www.geschichtengesichter.ch

Grafisches Konzept und Design
Susann Knecht, Freienbach
susannknecht@gmail.com
Ein Werksatz-Projekt der Fachklasse
«Typografische Gestalter/innen»
an der Berufsschule für Gestaltung,
Zürich
www.medienformfarbe.ch

Lithografie
Fritz Maurer
f.maurer@maurerbilden.ch

Lektorat
Mirjam Weiss, Zug
www.mirjamweiss.ch

Korrektorat
Pater Dr. Gregor Jäggi,
Kloster Einsiedeln
Franziska Eggimann,
Reorganisation Klosterarchiv
Benno Kälin, Einsiedeln

Druck
Druckerei Franz Kälin AG, Einsiedeln
www.druckerei-kaelin.ch

Papier
Inapa Schweiz AG, Regensdorf
www.inapa.ch

Buchbinderei
Pagina AG, Hittnau
www.pagina.ag

© 2013
Verlag GeschichtenGesichter, Egg (SZ)
Alle Rechte vorbehalten

ISBN 978-3-033-03524-9

Informationen und Bestellungen
Verlag GeschichtenGesichter
Hansenweg 2
CH-8847 Egg (SZ)
E-Mail: info@geschichtengesichter.ch
www.geschichtengesichter.ch